«Alternatives» à la prison
감옥의 대안

«Alternatives» À LA PRISON
Une entrevue avec Jean-Paul Brodeur
Suivi d'entretiens avec Tony Ferri & Anthony Amicelle
Ouvrage dirigé par Sylvain Lafleur
by Michel FOUCAULT

미셸 푸코의 미공개 강연록

감옥의 대안

미셸 푸코 지음 이진희 옮김

토니 페리, 앙토니 아미셸과의 인터뷰
장폴 브로되르와의 대담
실뱅 라플뢰르 감수

«ALTERNATIVES»
À LA PRISON

시공사

일러두기

• 이 책의 강연록과 인터뷰에서는
  화자의 표현을 최대한 편집하지 않고 그대로 실었다.

서문

미셸 푸코는 캐나다에 사는 지인들을 만나러 몬트리올을 여러 차례 오갔다. 푸코가 1976년 몬트리올에 방문했을 때, 캐나다 수감자 권리국의 장클로드 베르넴Jean-Claude Bernheim 국장이 '수감자 주간'을 맞아 푸코에게 감옥의 대안에 대한 강연을 요청했다. 이 강연은 학장 앙드레 노르망도André Nor-mandeau의 주재로 몬트리올 대학교 범죄학과와 협력해 열렸다.

이 강연록의 초판은 ≪1976년 3월 15일 몬트리올 대학교에서 열린 '구금형의 대체 방안'에 관한 미셸 푸코의 강연Conférence de Michel Foucault sur les «mesures alternatives à l'empri sonnement» prononcée à l'Université de Montréal le 15 mars 1976≫이라는 제목으로 1990년에 출판되었다. 강연에 맞춰, 학술지 <사 법적 행위 연구지Cahiers d'action juridique> 73호에는 제2차 세 계대전 이후로 증가한 프랑스의 수감자 및 법적 통제 대 상자 수의 통계 수치를 강조하고 수감 대체형의 발전과 실패 가능성을 다룬 논문이 실렸다. 악트Actes에서 출판된 ≪1976년 3월 15일 몬트리올 대학교에서 열린 '구금형의 대 체 방안'에 관한 미셸 푸코의 강연≫의 초판본은 프랑스 캉 에 있는 현대 출판물 기념관의 자료실에 타자본으로 소장 되어 있다.

1993년 몬트리올 대학교 범죄학과 교수 장폴 브로되 르Jean-Paul Brodeur는 국제 비교범죄학 센터에서 푸코의 강 연이 녹음된 카세트테이프를 발견했다. 그리고 이 강연을 녹취한 것이 바로 이 책 ≪감옥의 대안≫에 실린 강연록이 다. 브로되르는 학술지 <범죄학Criminologie>의 특집호(26권 1호)에 "사회통제의 확산인가 축소인가: 미셸 푸코와의 대 화Diffusion ou décroissance du contrôle social; une entrevue avec Michel Foucault"라는 제목으로 실린 인터뷰를 통해 푸코의 사유를 범죄학의 포스트모더니티로 분류하고자 했다. 그 당시 몬트리올에서는 철학자 미셸 프라이탁Michel Freitag와 장프랑수아 리오타르Jean-François Lyotard의 글이 인정받았으며 범죄학과 포스트모더니티라는 주제가 관련 학계를 휩쓸고 있었다.

사회학 교수 다니 라콩브Dany Lacombe는 <범죄학> 26권에 실린 자신의 논문에서 형법계의 인간화를 회의적으로 바라보는 푸코의 시선에 관해 의견을 피력했다. 라콩브는 범죄학 분야에서 "체계, 특히 형벌 체계를 개선하고자 하는 모든 시도는 사회체 내의 통제를 확산하고 확장할 뿐이라는 논지의 기발하고도 냉소적인 문헌 연구가 방대하게 발달"[1]했다고 언급했다.

2009년 발행된 학술지 <이론, 문화, 사회Theory, Culture and Society>의 26권 6호에는 국제 비교범죄학 센터 회원들의 협력에 힘입어 장폴 브로되르의 편집본을 영문으로 번역한 것이 "감옥의 대안: 사회통제의 확산인가 축소인가? Alternatives to the Prison: Dissemination or Decline of Social Control?"라는 제목으로 게재되었다. 이와 더불어 푸코의 사유에 동의하는 여러 학자들의 주장이 이어졌으며, 그중에는 '푸코 이후의 사유'를 연구하는 폴 래비노Paul Rabinow, 주디스 레벨Judith Revel, 마우리치오 라차라토Mauricio Lazzarato, 브라이언 마수미Brian Massumi도 있었다. 마수미는 특히 푸코가 자신의 저서 ≪안전, 영토, 인구Sécurité, territoire, population≫에서 설명한 통치성을 상기시키며 자기생산적[2]인 성격의 예방적 통치성이 현시대를 관통한다는 주장을 지지했다.

푸코의 몬트리올 강연은 이렇게 세 차례에 걸쳐 소개되었지만, 그의 논문·인터뷰·강연 등을 엮은 ≪말과 글Dits et écrits≫이나 서문 모음집에 실리지 않아서 지금까지 대중에게 잘 알려지지 않았다. 푸코의 강연에 관해 앞서 소개한 사실 외에도 한 가지 더 주목해야 할 점이 있다. 푸코가 과거의 사례를 돌아보며 계통학적으로 의미 있는 요소를 찾는 대신 동시대적인 사례를 살펴보며 새로 등장한 통제 형태에 대해 공개적으로 질문을 던졌다는 점이다.

물론 감옥의 '대안'에 관한 회귀적인 해석이 우리 시대의 범죄학적·형법적 현실에 문제를 제기하지 못하는 것은 아니다. 오히려 경찰 사회société policière (사회가 경찰의 역할을 하는 강력한 체제-옮긴이)의 확장에 관해 수많은 의문점을 남긴다. 사실 푸코는 몬트리올 강연에서 비구금 형태의 처벌이 곧 구금형과의 단절이라는 주장에 대해 의문을 제기했고, 시간이 지날수록 집행유예와 경찰 감시 조치에 더욱 의존하게 되리라고 추측했다.

나는 이 문제에서 출발해 다음과 같은 질문을 던져야 할 필요가 있다고 생각했다. 집행유예에 관한 현대의 형법 논리를 어떻게 특징지을 수 있을까? 집행유예가 위법 행위를 다스릴 수 있는 차별화된 처벌 방식이라고 볼 수 있을까?

이 질문에 대한 답을 찾기 위해 나는 전자 감시 제도 전문가이자 프랑스 법무부의 사회 복귀 및 보호관찰 형무 자문 위원(처벌과 행형에 관한 자문을 제공한다-옮긴이) 인 토니 페리Tony Ferri 박사를 찾아가, 전자 팔찌 착용의 효과와 법적 조건을 부과하는 조치의 저변에 깔린 논리에 관한 이야기를 나누었다. 또한 현재 상황을 규정하기 위해 경제사범 관리 전문가인 앙토니 아미셀Anthony Amicelle 교수와 수상한 금융거래의 통제 메커니즘에 관한 대화를 나누었다.

이 책을 출간하기까지 내 질문에 기꺼이 응해준 분들께 뜨거운 감사의 마음을 전한다. 또한 브로되르의 편집본

【 서문 】

출간을 친절히 허락해준 <범죄학>의 편집 코디네이터 마리샹탈 플랑트Marie-Chantal Plante와 몬트리올 대학교의 알렉상드르 샤보Alexandre Chabot에게도 감사의 인사를 전한다.

2020년 9월 몬트리올에서
실뱅 라플뢰르Sylvain Lafleur

차 례

(1)

감옥의 대안:
푸코의 몬트리올 대학교
강연록

장폴 브로되르 편집[3]

(✻)

오늘 제가 이 강연을 하게 되어서 얼마나 기쁜지, 그러면
서도 한편으로는 얼마나 난처한지 굳이 말할 필요는 없겠
지요. 네, "감옥의 대안에 관해 이야기해야 한다", 그것도
"감옥의 실패를 기리는 주간에 이 주제로 강연을 해야 한
다"는 말을 들었을 때 상당히 당혹스러웠으니까요.

제가 당황한 이유는 두 가지입니다. 우선 대안이라는
문제, 다음은 실패라는 문제지요.

"감옥의 대안." 저는 이 말을 듣자마자 유치한 생각이
떠올랐습니다. 마치 일곱 살로 돌아가서 "자, 들어봐. 네가

15

이제 벌을 받아야 하는데 둘 중에 어떤 벌을 받을지 직접 고를 수 있게 해줄게. 채찍으로 맞을래, 아니면 간식을 안 먹을래?" 같은 질문을 듣는 기분이었습니다.

저는 감옥의 대안이라는 문제가 전형적으로 이런 유형의 질문이라고 생각합니다. 잘못된 질문, 아니면 어쨌든 온전하지 않은 반쪽짜리 질문이라고요. 이렇게 물어보는 것과 같기 때문입니다. "잘 들어보세요. 당신이 현재의 형벌 체계를 받아들이고 누군가를 통해 혹은 무엇인가에 의해 벌을 받는다면, 어떤 식으로 처벌이 이루어져야 한다고 생각하십니까? 감옥에 가는 게 나을까요, 아니면 다른 방식으로 처벌받는 편이 나을까요?"

저는 여러분도 감옥의 대안에 관한 질문을 받으면 답을 망설이거나, 귀를 의심하거나, 웃음을 터뜨릴 수밖에 없다고 생각합니다. 사람들이 이러저러한 방식으로는 혹은 이러저러한 사유로는 처벌받지 않으려 한다거나, 아니면 절대로 처벌받기를 원치 않는다면 어떻게 해야 할까요? 그래서 결국 처벌이 정말로 무엇을 의미하는지 이해하지 못한다면 어떻게 해야 할까요?

수 세기 동안, 아니 어쩌면 수천 년 동안 서양 문명에서는 처벌의 개념이 어느 정도는 명확했던 것 같습니다. 그런데 지금도 처벌이라는 개념이 과거만큼이나 명확해 보이나요? 여러분이 생각하는 처벌은 무엇입니까? 우리는 정말로 처벌을 받아야 할까요?

이것이 바로 제가 감옥의 대안에 대해 강연을 해야 한다는 이야기를 들었을 때 당황했던 첫 번째 이유입니다. 게다가 감옥의 실패를 기리는 주간에 이 주제로 강연해야 한다고 해서 또 한번 당황했지요. 사실 저는 감옥이 실패했다고 전혀 생각하지 않습니다. 그래서 어쩌면 여러분들에게 제가 하는 이야기가 조금은 모순적으로 들릴 수도 있다고 생각합니다.

우선 이 대안이라는 문제, 그러니까 감옥의 대안에 관해 이야기하고 싶습니다. 괜찮으시다면 현재 감옥의 대안을 찾기 위한 시도라고 볼 수 있는 한 가지 사례, 아니 일련의 사례들을 기준점으로 삼아 이야기를 시작하겠습니다.

～✳～

첫째로 스웨덴을 예로 들어볼까 합니다. 1965년 스웨덴은 새로운 형법을 도입했고, 이 법에 따른 최초의 처벌을 위해 대규모 교도소 일곱 군데를 건설할 계획을 마련했습니다. 감옥에 필요한 모든 것들을 아주 세심하고 충분히 고려해서 흠잡을 것 없이 완벽에 가깝게 설계했습니다. 어떤 곳은 말 그대로 무無에서 만들어낸 곳도 있었지요. 그중에서 가장 규모가 큰 쿰라Kumla 교도소가 가장 먼저 건설되었습니다. 그곳은 제러미 벤담Jeremy Bentham의 일망 감시 시설(파놉티콘Panopticon)의 순수한 형태를 그대로 실현한 엄청나게 큰 구금 시설이었습니다. 기존의 형벌 체계에서 꿈꿔온 것을 현실로 구현한 셈이었지요. 쿰라 교도소가 문을 연 것은 1967년쯤, 아니면 1968년이었을 겁니다. 그런데 이 훌륭한 교도소에서도 다른 모든 감옥에서 일어나는 사건이 발생합니다. 첫째로 수형자들이 집단으로 탈옥했고, 둘째로 이때 탈옥한 자들이 얼마 지나지 않아 범죄자의 삶을 다시 시작했다는 것입니다.

감옥이 (감금과 교정이라는) 두 가지 역할을 수행한다는 점은 인정하겠습니다. 감옥은 우선 개인을 안전하고 지속적으로 가둬야 하는데, 여러분도 아시다시피 쿰라 교도소의 대탈옥 사건은 이 징벌 도구가 제대로 작동하지 않았다는 것을 증명했습니다. 둘째로 수감자들은 이토록 훌

룽한 형태의 감옥에서 나오자마자 재범을 저질렀는데, 이는 감옥의 교정 기능이 제시한 교화라는 목표 또한 이루지 못했다는 사실을 의미합니다.

이처럼 완벽한 감옥이 안전하지도 않았고 교정에도 실패했습니다. 이 사건이 시사하는 바는 무엇일까요?

여러분이 지금 느끼는 것처럼 스웨덴 국민도 이 사건 직후 감옥에 대해 문제의식을 느끼거나 의심하기 시작했습니다. 그래서 1973년에는 이런 감옥, 그러니까 전통적인 감옥을 대체할 수 있는 대안 프로그램을 만들고자 노력했습니다.

대안 프로그램은 어떤 내용이었을까요? 시설 측면에서 기존의 감옥과는 매우 다른 형태를 도입하는 것이었습니다. 최대 수용 인원이 40~60명 정도인 소규모 시설에 수감자를 가두고 노동의 의무를 부과했습니다. 물론 그들에게 부과된 노동은 징역과는 완전히 달랐습니다. 여러분들이 알고 있는 징역은 멍청하고 터무니없는 노동, 무미건조하고 지루하고 굴욕적인 노동, 대가를 받지 않는 노동이지요. 새로 생긴 감옥에서는 이러한 노동이 아니라 진정한 의미의 노동을 하게 했습니다. 실질적이고, 쓸모 있고, 바깥세상의 노동 규범에 따라 대가를 받는 진짜 노동, 국가의 현실 경제에 통합되고자 할 때 하는 노동 말입니다.

기존의 감옥이 수감자와 외부 세계의 관계를 차단하고자 했던 반면 새로운 시설은 오히려 개인의 외부 세계, 특히 가족을 비롯해 평소에 가까이 지낸 주변 사람들과의 접촉을 최대한 유지하고자 했습니다. 그리고 시설 내에 작은 호텔처럼 가족실을 만들어서 수감자의 지인이 숙박할 수 있게 했습니다. 수감자의 가족 혹은 애인이 면회를 오면 함께 잠을 잘 수 있도록 했지요.

그리고 이 시설에서는 수감자들이 원하면 재정적인 운영, 그러니까 감옥 운영의 관리 문제뿐만 아니라 징벌 계획에 대한 토의에도 수감자 대표가 자문 위원으로 참여할 수 있었습니다. 시설의 행정 관리자와 수감자 대표가 의견을 주고받았으며, 수감자 대표는 모든 수감자에게 공통으로 적용하는 전반적인 형벌 체계뿐만 아니라 필요에 따라 수감자 개개인에게 개별적으로 적용하는 형벌 체계를 구상하는 데도 참여했습니다.

마지막으로 새로운 형식의 감옥, 그보다는 감옥의 대안이라 할 수 있는 이 시설은 수감자의 외출도 늘려 모범

수에게 포상 외출을 허가했고 수감자가 사회에 재편입하는 것을 돕고자 했습니다.

지금까지 스웨덴의 사례를 살펴보았고 이제는 독일의 감옥에 관해 이야기해볼까 합니다. 독일에서는 1970년대부터 전통적인 유형의 일반 구금 시설을 중심으로 감옥과는 완전히 다른 유형의 제도를 구현하려 시도했습니다. 예를 들면 뷔렌Büren의 사회 치료 센터, 전환 및 직업교육 시설 등이 있지요. 그리고 수감자 개개인에 맞춰 행형 계획을 세우고 농장, 기관 등 다양한 곳에서 구금할 방안을 마련했습니다. 예를 들면 비행 청소년은 농가에 수용하기도 했습니다.

베르셀레Versele, 바네슈트Van Haecht, 링겔하임Ringelheim (원문에는 베르셀Versel, 바네스트Vanest, 링겔하임으로 표기되어 있으나 푸코가 강연 중 학자의 이름을 잘못 발음했거나 기록하는 과정에서 오류가 있었을 가능성이 있다. 각각 1970년대 벨기에서 활동한 법학자, 범죄학자, 사회학자다-옮긴이)으로 구성된 벨기에의 반범죄학 그룹이 구상한 프로그램도 예로 들 수 있습니다. 그들도 독일과 비슷한 유형의 제도를 제안했습니다. 특별한 점은 대중이 직접 참

【 감옥의 대안: 푸코의 몬트리올 대학교 강연록 】

여했다는 사실입니다. 대중이 구금 시설의 전반적인 행정을 감독했을 뿐만 아니라 수감자가 어느 정도 개심했는지에 대해 의견을 제시했습니다. 또한 수감자들이 직업을 가져도 되는지, 그들에게 반(半)자유 혹은 완전 자유를 허용해도 되는지에 관한 판단에도 지속적으로 참여했습니다.

⚬ ❋ ⚬

그렇다면 감옥의 대안으로 제안된 새로운 구금 시설들은 어떤 의미를 지닐까요? 저는 이 시설들이 감옥의 대안을 마련하는 데 그치지 않고 더 멀리 나아가 기존의 감옥과 다른 메커니즘, 다른 시설, 다른 제도를 이용하려는 시도였다고 생각합니다. 그런데 이를 통해 과연 어떤 기능을 수행하려고 했던 걸까요?

　먼저, 사실상 그 당시에 제안된 새로운 구금 시설의 기능은 감옥 고유의 기능이었을 뿐입니다. 특히 새로운 구금 방식에서 우리가 추구한 형벌 작용은 본래 노동의 기능에 집중된 것이었다고 말할 수 있겠습니다. 다시 말해, 과거 감옥의 아이디어를 그대로 유지한 셈이지요. 새로운 구금 시설은 19세기나 18세기 사람들이 했던 감옥의 기능에 관한 생각, 그 오래된 아이디어를 발전시키는 시도에 불과했습니다. 수감자를 변화시키고 평화를 이룩하는 주된 기능이 노동 그 자체에 있다는 과거의 생각을 그대로 따른 것입니다.

그 생각이란 바로 이런 것입니다. 노동이 범법 행위를 가장 확실하게 예방하는 방법이고, 다른 처벌 방식보다 더 효과적이면서 가장 현실적인 방법이고, 진정한 의미로 범죄에 대해 사회적으로 보상하는 방법이자, 다른 모든 처벌 방식보다 효과적으로 범법자를 교정할 방법이라는 생각입니다. 즉, 노동을 범법 행위에 대한 근본적이고 핵심적인 대응 방식으로 여긴 것이지요.

이러한 생각, 다시 말해 노동의 형벌적 기능에 관한 생각은 오래된 동시에 상대적으로 새로운 생각입니다. 범법 행위를 사형이나 체형, 벌금형, 유배형과는 다른 방식으로 다스려야 한다는 다소 이상한 제안이 처음 등장한 것이 18세기 말이었으니 상대적으로 새로운 생각이라고 할 수 있겠지요. 그러나 모든 감옥, 모든 기관, 감옥의 모든 기능이 노동이라는 문제에 집중하고 어쨌든 노동이 범법 행위에 본질적으로 대응하는 주된 방식이라고 생각하기 시작한 것은 19세기 초였습니다. 그런데 노동을 통한 징벌이라는 생각은 감옥을 대체하기 위해 고안된 시설에도 똑같이 적용되었다는 것을 여러분도 이제 이해하셨을 겁니다. 물론 다른 처벌 방식도 적용하고 있고, 징벌 수단으로서의 노동이 우리가 하는 노동과 완전히 일치하지는 않지만 말입니다. 감옥에서의 노동이 사회의 경제적 현실에 통합되는 방식은 완전히 다르지만, 결국 현재의 대체 시설이든 기존의 감옥이든 범법 행위에 대응하는 주된 방법으로 노동을 이용하고 있고 과거에도 그랬다는 점은 여러분도 이제 이해하실 것입니다.

둘째로, 대체 시설에서 제가 '재가족화Refamilialisation'라고 부를 원칙이 작용한다는 사실을 모두 알고 계시리라 생각합니다. 다시 말해 다른 여러 처벌 방식에서도 범죄를 예방하고 범죄자를 교정하기 위한 가장 핵심적인 수단으로 가족을 이용한다는 점을 여러분도 잘 아실 것입니다.

이미 19세기에도 사람들은 같은 생각을 했습니다. 지금 보면 그 시대에 수감자를 재가족화하기 위해 사용한 수단은 매우 흥미롭습니다. 당시에는 주로 소속 사제나 면회자들이 수감자에게 설교나 강론 혹은 모범 사례를 들려

주며 수감자를 재가족화했습니다. 재가족화는 추상적이고 허울뿐인 것처럼 보이지만 어쨌든 과거에 잘 기능한 대로, 19세기 감옥에서 그랬던 대로 형법 분야의 주요 원칙 중 하나였습니다. 실제로 1840년대 프랑스 메프레스Méprès에서는 청소년 구금 시설을 만들 때 재가족화의 원칙을 더욱 엄격하게 적용해, 16명 내외로 이루어진 일종의 가족을 만들고자 했습니다. 어쨌든 19세기 내내 재가족화는 합법화를 위한 근본적인 요소이자 새로이 합법적인 삶을 살거나 합법적인 삶을 되찾게 하는 근본적인 요소 중 하나로 여겨졌습니다.

이처럼 감옥의 대체 시설에서 적용하는 다른 처벌 수단들에도 가족이 합법성의 요소 중 하나라는 생각이 기본 원칙으로 적용되었다는 사실을 여러분도 이제 이해하시겠지요.

마지막으로 오늘날의 수감 시설에서는 재소자와 재소자 상담가가 행형 계획을 구상하는 데 직접 참여하게 합니다. 감옥이 이를 통해 근본적으로 추구하는 바는 수형자 개개인이 형벌 체계, 심지어 자기가 받는 형벌 체계에도 참여하는 방안을 마련하는 것이라고 생각합니다. 수형자가 개인으로든 집단으로든 의견을 냄으로써 자신에게 적용되는 징벌 절차를 스스로 받아들이도록 하는 편이 이상적일 테니 말입니다.

이렇게 형벌을 정할 때 수형자에게 결정권을 일부 부여하는 것, 자신이 받을 형벌의 관리에 대해 부분적인 결정권을 주는 것은 정확히 말하자면 수형자 스스로 형벌을 행하게 하기 위함이라고 할 수 있습니다. 수형자가 자신에 대한 처벌의 관리자가 되어야 합니다. 그런데 이것 또한 19세기 형법학자들이 시도했던 오래된 개심 원칙입니다. 그들은 수형자가 자신의 형벌을 받아들일 수 있을 때, 스스로 죄의식을 느낄 수 있을 때야말로 개과천선할 수 있으리라 생각했습니다.

그 당시, 특히 1840년대와 1850년대의 감옥에서는 감방 한구석에 수감자를 고립시키기보다는 묵상과 성찰의 시간을 보내게 함으로써 스스로 처벌을 받아들이고 개심하게 할 방안을 모색했습니다. 그리고 지금은 감방 구석이 아니라 결정 위원회에서 과거와 똑같은 목표, 다시 말해 개심의 원칙으로 수감자가 자기처벌을 하도록 노력하고 있습니다.

개심 원칙으로는 자기처벌을, 개심 매개와 합법화 매개로는 가족을, 주요 징벌 수단으로는 노동을 적용했던 것입니다. 이 세 가지 큰 틀은 19세기 동안 감옥이 어떻게 기능했는지를 특징적으로 보여줍니다. 그런데 이 메커니즘이 오늘날 소위 감옥을 대체한다는 시설에서, 아직도, 그 어느 때보다도 더 많이 적용되고 있다는 사실을 이제 여러분도 아셨을 것입니다. 어쨌든 과거의 감옥과는 다른 시설에서 시도하고 있는 것들이 결국 오래된 감옥의 기능인 셈입니다.

감옥에 대한 문제 제기, 감옥의 부분적인 해체, 감옥의 벽을 일부 개방하는 것. 이 모든 것은 어떤 관점에서 보자면 19세기 감옥이 추구했던 엄격하고, 완벽하고, 철저한 감금으로부터 범죄자를 어느 정도 해방하기 위한 시도였다고 말할 수 있겠습니다.

저는 이러한 시도가 범법자를 어느 정도 해방하는 동시에 그 외의 무엇인가도 해방한다고 생각합니다. 어쩌면 범법자를 넘어서는 무엇인가를 해방하는 것일 수도 있습니다. 바로 감옥의 기능을 말이지요. 노동, 가족, 죄책감을 통한 재사회화라는 이 감옥의 오래된 기능은 이제 더 이상 감옥이라는 폐쇄적인 공간에만 국한되지 않습니다. 우리는 상대적으로 개방적인 시설을 통해서 이 기능을 온 사회체 속으로 확대하고 확산시키려 하고 있지요.

스웨덴, 독일, 벨기에, 네덜란드에서 고안했던 시설들이 새로운 유형에 속한다고는 할 수 있겠습니다만, 진정한 감옥의 대안이라거나 최소한 우리가 고안한 감옥의 유일한 대안이라고는 할 수 없습니다.

이외에도 다른 징벌 방식이 있습니다. 실제로 개인을 제도화하지 않는 형벌 형태, 그래서 전통적인 구금 시설은 물론이고 감옥을 대체할 목적으로 개선된 현대적인 구금 시설에도 가두지 않는 징벌 방식을 모색하고 있습니다. 새로운 형벌 체계는 자기처벌을 원칙으로 하므로 어느 정도는 개방적인, 다시 말해 어느 정도는 폐쇄적인 구금 시설에서 집행할 수 없으며, 이를 보여주는 예는 수도 없이 많습니다. 그도 그런 것이 집행유예나 보호관찰 조건의 집행유예가 보편적으로 적용되면서 이 새로운 징벌이 상당히 이른 시기부터 등장했으니 말입니다.

그보다 더 최근, 그러니까 지난 몇 년 동안에는 여러분도 아시다시피 여러 나라에서 단기형을 폐지했습니다. 예를 들면 제가 알기로는 폴란드는 3개월 미만의 단기형을 모두 폐지했고, 독일은 1개월 미만의 단기형을 폐지했습니다. 그리고 네덜란드에서는 벌금형을 확대 적용하는 형벌 체계의 도입을 계획했는데, 벌금형의 범위를 확대하는 동시에 수형자의 경제 상황을 19가지로 분류해 처벌이 더 잘 이루어질 수 있도록 했습니다. 이렇게 벌금형의 기준을 다양화함으로써 덜 불공정한 처벌이 가능해지리라 생각합니다. 또한 운전권, 운전면허 취득권, 이동권 등과 같은 일부 권리를 박탈함으로써 감옥의 대안을 찾으려 시도하기도 합니다. 완전히 폐쇄되지 않고 부분적으로라도 개방된 환경에 두되 정해진 노동을 부과하는 것도 감옥의 대안 중 하나입니다.

어쨌든 이 모든 시도는 사실 우리가 구금 시설에 신체를 가둬놓는 것과는 다른 처벌 방식을 찾고자 했다는 사실을 보여줍니다. 전통적인 시설이든, 개량된 시설이든, 아니면 감옥을 대체할 수 있도록 한 시설이든 상관없이 말이지요.

어쨌든 제가 여러분에게 지금까지 이야기했던 것처럼 좀 더 현실적으로 감옥을 대체할 수 있는 새로운 처벌 방식이 마련되었지만 여기서도 몇 가지 짚고 넘어가야 할 부분이 있습니다. 우선 확장 가능성이 상대적으로 제한적이라는 점입니다. 그중에 많은 대안, 예를 들면 집행유예나 시간제로 부분적 감금을 적용하는 등의 방법이 제시되었는데, 실제로는 이러한 방법들이 주로 수감을 미루는 것, 다시 말해 감옥에 들어가는 시기를 늦추거나 형기 내내 감옥에 있는 시간을 희석하는 것에 불과합니다. 그리고 가장 근본적인 문제는 이렇게 새로 제안한 방식들이 사실상 개인들을 감옥에 가두지 않고서 처벌하려는 시도이며 어떤 의미로는 앞서 말씀드린 전통적인 감옥의 기능을 되살리고 전보다 더 잘 수행하려고 한다는 것입니다.

개인에게 채무를 부과하고, 몇 가지 자유, 예를 들면 이동할 자유를 박탈하는 것은 어떤 관점에서 보자면 개인을 한곳에 구속하고, 종속시키고, 개인에게 노동의 의무·생산의 의무·가족 안에서 사는 의무를 지게 하는 것입니다. 결국은 감시 기능을 감옥 밖으로 확산하는 여러 방식과 다를 바가 없으며, 이제는 작은 방이나 감옥에 갇힌 개인뿐만 아니라 겉으로는 자유로운 삶을 사는 것처럼 보이는 개인에게도 감시 기능이 뻗어나가 영향을 미치게 됩니다. 보호관찰 중인 사람을 보면 정말 그러합니다. 자신의 가족, 직업, 인간관계를 온전하게 혹은 계속해서 유지하면서도 동시에 감시를 받고 있으니까요. 급여의 규모, 급여를 쓰는 방식, 집안 살림을 하는 방식도 감시를 받습니다. 주거 환경 역시 감시를 받지요. 정말 그러합니다.

전통적인 수감형을 대체할 수 있는 모든 체계, 모든 형태의 대안은 사실 과거 감옥 권력의 모든 형태를 확산하는 기능을 수행하기 위해 만들어진 것입니다. 마치 세포벽 너머로 퍼지는 암세포처럼 감옥의 벽 너머로 똑같은 형태의 권력을 확산시키지요.

이는 진정으로 형법을 초월하는 권력, 혹은 감옥을 초월하는 권력입니다. 감옥 제도가 축소되는 반면 이러한 권력은 점점 더 커집니다. 성은 무너졌지만 본래 감옥 제도가 보장해야 했던 사회 기능, 감시 기능, 통제 기능, 재사회화 기능을 지금은 다른 메커니즘을 통해 수행하려 합니다.

물론 그것이 더 나쁘다고 바로 결론 내릴 수는 없습니다. 우리가 소위 감옥의 대안이라는 것을 내세우며 감옥보

31

다 훨씬 더 나쁜 무엇인가를 마련하고 있다고 할 수는 없다는 뜻입니다.

하지만 저는 구금 체계를 진정으로 대체할 방안은 없다는 사실을 염두에 두어야 한다고 생각합니다. 감옥을 대체하기보다는 오히려 감옥의 오랜 기능을 확산시키고 있으니 말입니다. 예전에는 감옥이 개인의 자유와 권리를 급진적으로 박탈하는 방식으로 수행하려 했던 기능을 지금은 훨씬 더 유연하게, 훨씬 더 자유롭게, 그러나 동시에 훨씬 더 넓은 범위에 걸쳐 수행하려 합니다. 감옥의 대안이라는 것은 결국 구금형이라는 늘 같은 주제, 늘 같은 곡조의 변주에 불과합니다. 이제는 누군가가 불법을 저지르거나 위반 행위를 저지르면 그의 신체를 붙잡아서 지속적인 감시 아래 두고, 신체를 훈련시키고, 행동 양식을 규정해 지시하고, 통제·재판·순환·평가 체계를 통해 계속해서 그를 통제할 것입니다. 그런데 이런 방식은 오래된 19세기 형벌 절차와 근본적으로 똑같습니다. 감옥의 대안이 될 수 없는 기존 감옥의 방식, 제가 보기에는 오히려 감옥을 반복하는 것에 불과한 그 새로운 방식으로 결국 과거의 감옥이 가지고 있던 근본적인 기능을 수행한다는 것을 여러분도 이제 이해했을 것입니다. 이는 감옥을 반복하는 형식이고 감옥을 확산하는 형식이지, 감옥을 대체할 수 있는 형식이 아닙니다.

～✳～

자, 그래서 지금 저는 질문을 하나 던지고자 합니다. 오늘 강연에서 제가 다 짚을 수 없지만, 지금의 감옥 제도는 크게 비난받고 있기 때문입니다. 감옥에 대한 비난과 의혹이 광범위하게 제기되고 있고, 시간이 지날수록 점점 더 확산하고 있으니 말입니다.

그래서 제가 던지고 싶은 질문은 바로 이것입니다. 감옥의 쇠퇴에 대한 두 가지 주장 중 어떤 것이 옳을까요? 우선 새로운 메커니즘, 그러나 사실은 하나도 변하지 않은 새로운 메커니즘이 원래 감옥이 해야 했던 기능을 대신하기 때문에 감옥이 사라지고 있다고 주장할 수 있겠습니다. 다른 하나의 주장은 감옥의 기능이 감옥의 벽을 넘어 밖으로 퍼지면서, 기능의 거점이 사라지고 그 결과 기능 또한 점점 퇴보하기 때문에 결국 감옥이 사라지게 된다는 것입니다. 다시 말하자면, '물리적 장소의 해체가 결국 (그 장소가 하는) 기능의 소멸로 이어질 가능성'을 염두에 둔 주장입니다.

현재 소위 감옥 반대론자뿐만 아니라 여러 정부의 자문 위원회와 국가 정책 들도 실제로 감옥의 존재에 대한 문제를 제기하고 있습니다. 이러한 상황이 정치적으로는 어떤 의미를 지닐까요?

감옥의 대안을 찾는 움직임은 곧 감옥의 폐지, 나아가 감옥 기능의 소멸로 이어질까요? 아니면 이는 감옥의 주된 형벌 메커니즘을 정확히 그대로 유지하는 것에 불과할까요?

지금부터 이 문제에 관해 이야기해볼까 하는데, 그러려면 우선 첫 번째 질문에 대한 답을 찾아야 합니다. 감옥이 그 견고하고 치밀한 형태를 이용해, 벽을 이용해, 감방을 이용해, 규율을 이용해 수행하고자 한 역할은 무엇일까요? 18세기 말에 형벌 수단으로 고안된 감옥이 지금까지 200년 넘는 시간 동안 지속되어온 이유, 그리고 셀 수 없이 쏟아지는 온갖 비난에도 불구하고 계속 유지되는 근본적인 이유는 무엇일까요?

이러한 비난은 최근 몇 년 전부터 시작된 것이 아닙니

다. 심지어 감옥이 등장했을 때부터 지금과 같은 급진적인 비난이 쏟아졌기 때문입니다. 감옥이 유럽 형법 제도의 주요 처벌 수단으로 제도화된 지 이제 겨우 20년 정도밖에 되지 않았는데, 사실상 이미 그전부터 감옥에 대한 비난의 목소리가 있었습니다. 그렇다면 대체 감옥이 하는 역할은 무엇일까요?

저는 감옥의 대안을 찾으려고 하는 움직임이 어떤 의미를 지니는지 이해하려면 앞서 제기한 문제에 대한 답을 찾아야 한다고 생각합니다.

우선 가설을 하나 세워보겠습니다. 진짜 과학적인 가설과는 달리 '완전한' 논거로 완벽하게 증명할 수 있으리라 확신하지는 않기 때문에 역설적인 가설을 세울 것입니다. 일종의 작업가설일 뿐, 정치적 가설이라고도 생각하지 않습니다. 결과의 한계를 시험해보는 전략적인 게임이라고 말할 수도 있겠습니다.

그 가설이라는 것, 그 질문이라는 것은 바로 다음과 같습니다. 형법 제도는 일반적으로 위법 행위를 정의하고 이러한 행위에 대응할 만한 절차의 규칙과 이를 처벌하기 위한 형벌을 규정합니다. 그렇다면 여러 사회 속에서 형법 제도는 앞서 말한 대로 위법 행위 근절이라는 제 기능을 다하고 있을까요?

사실 형법 제도, 다시 말해 절차의 규칙과 처벌 메커니즘을 정한 법, 그러니까 이 모든 사법적 장치는 언뜻 보면 위법 행위를 억제하기 위한 것인데, 사실은 위법 행위를 조직화하고 있는 것은 아닐까요? 위법 행위 중 어떤 것은 용납하고 어떤 것은 처벌하는 식으로 분류하면서 계층을 나누는 것은 아닐까요? 즉 위법 행위의 근절을 목표로 하기보다는 오히려 그 반대로, 경제적 유용성과 정치적 생산성을 고려해 위법 행위를 통제하고 위법 행위의 균형이 일정하게 유지되게 기능하고 있는 것은 아닐까요?

한마디로 위법 행위를 관리하기 위한 한 가지 방안으로서 형법 제도를 이해해야 하지 않을까요?

아니면 이렇게 질문해볼 수도 있습니다. 형법 제도라는 것이 정말로 위법 행위를 근절하기 위한 전쟁의 수단일까요? 순전히 계획된 범죄 경제인 것은 아닐까요?

형법 제도는 체계 안에 자체적인 질서를 부여했음에도 실제로 위법 행위를 억제하기는커녕 관리와 차별화를 통해 위법 행위를 사실상 강화하고 확산하는 수단이자 다양한 위법 행위를 통제하고 분배하는 메커니즘입니다. 그리고 감옥의 기능만 보아도 그 증거를 쉽게 찾을 수 있다고 생각합니다.

감옥에 관한 연구는 종종 이루어졌고, 시설의 건축적 배열과 감옥의 면밀한 규제 등에 관한 연구도 충분히 잘 정립되었습니다. 감옥에 관한 모든 사항이 명확하게 정의되어 있지요. 수감자들이 감옥에서 겪는 신체적, 정신적 고통에 눈물을 흘리는 사람들도 있을 정도로요.

사람들은 감옥을 연구했고, 그것도 아주 제대로 연구하기 위해 노력했습니다. 단지 저는 감옥이 초래하는 모든 위법 행위의 형태와 그 양에 관한 연구도 충분히 이루어졌어야 한다고 생각합니다. 물론 그 연구가 체계적일지, 아주 확실한 증거로 뒷받침될 수 있을지 확신할 수는 없지만 말입니다. 그리고 한발 더 나아가 감옥이 제대로 기능하는 데 필요한 모든 위법 행위에 관해서 조사해야 할 것입니다. 사실 감옥이야말로 강력 범죄의 영원한 온상지니까요.

감옥은 위법 행위를 만들어내고 범죄를 만들어내는 모든 제도 중 가장 효과적이고 생산적인 제도입니다. 감옥이 위법 행위의 온상지라는 증거는 수도 없이 많습니다.

우선 우리가 감옥에 대해 가장 잘 알고 있는 사실을 예로 들어보지요. 감옥에 다녀온 사람은 수감되기 전보다 더 많은 범죄를 저지릅니다. 위법 행위로 감옥에 들어왔던 이들은 수감 생활로 인해 사회에 적응하지 못하고, 전과자가 되고, 감옥 안에서 형성된 범죄 집단이 저지르는 범죄에 연루되기도 합니다. 그렇게 감옥의 꼬리표가 그들을 평생 따라다니게 됩니다.

이처럼 잘 알려진 사실 외에도, 저는 무엇보다 감옥의 기능이 다양하고 복잡한 위법 행위의 작용을 통해서만 이루어질 수 있도록 설계되었다는 사실을 강조하고 싶습니다. 감옥 내부의 규칙은 감옥 외부의 사회가 인권을 보장하는 방식과는 늘 정반대로 운영됩니다. 감옥은 권리와 법에서 완전히 벗어난 공간입니다. 감옥은 교도관과 수감자에 의한, 수감자에 대한 물리적 폭력과 성폭력이 자행되는 공간입니다. 감옥은 영양 결핍의 공간이자 성생활이 제약된 욕구불만의 공간입니다.

또한 우리가 잘 알다시피 감옥 안에서는 불법적인 거래가 끊임없이 이루어집니다. 수감자들끼리뿐만 아니라 수감자와 교도관 사이, 교도관과 외부 세상 사이에도 불법 거래가 이루어집니다. 한편 그들의 거래는 수감자의 생존에 절대적으로 필요한 것이기도 합니다. 문자 그대로 없이는 살 수 없는, 어떠한 경우에는 신체적 생존에 절대적으로 필요한 물품들까지 주고받는 것입니다. 그리고 감옥의 벽을 통과해 끊임없이 이루어지는 불법 거래의 잉여분이 없다면 자신이 처한 상황과 대우를 견딜 수 없는 교도관들의 생존에도 이런 거래가 필수 불가결합니다. 한편으로는 사법부와 상위 행정기관의 눈을 피해, 다른 한편으로는 나머지 여론의 눈을 피해 이러한 위법 행위가 감옥의 내부에서 매일 자행되고 있습니다.

게다가 감옥은 경찰이 일꾼, 끄나풀, 하수인 또는 간혹 청부 살인자나 공갈범도 구할 수 있는 곳이라는 사실도 빠뜨릴 수 없습니다. 한마디로 경찰이 나쁜 일을 하려고 할 때마다 경찰을 위해 그런 일을 대신해줄 사람을 어디서 구하겠습니까? 물론 감옥이겠지요.

여느 시설보다 바로 감옥에서 가장 많은 위법 행위가 양산됩니다. 모두 다 아는 이 자명한 사실을 되풀이해서 미안합니다만, 구금 시설의 기능에 관심 있는 사회학자들이 감옥 내에서 일어나며 감옥의 효과적인 운영과 생명이

【 감옥의 대안: 푸코의 몬트리올 대학교 강연록 】

유지되도록 돕는 위법 행위 네트워크의 구조를 그려보지 않았다는 점은 유감이라고 생각합니다.

～✳～

지금까지 감옥의 위법 행위가 체계적으로 연구된 적은 없지만 간단히 묘사된 적은 있습니다. 모르시는 분들을 위해 미국 학자 브루스 잭슨Bruce Jackson의 ≪인생에서In the Life≫라는 저서를 소개해드릴까 합니다. 프랑스어로는 ≪그들의 감옥Leurs Prisons≫[4]이라는 제목으로 최근 번역되어 출간되었습니다. 이 책의 저자는 텍사스 형무소 수감자들과의 인터뷰 내용을 바탕으로 감옥 안에서 무슨 일이 일어나는지에 대해 상세히 기록했습니다. 특히 성관계가 감옥에서 어떤 역할을 하는지를 설명하고 있는데, 성범죄나 불법 성행위, 성폭력을 묘사한 부분은 그 내용이 가히 놀라우며 이 모든 행위가 불법이기 때문에 감옥에서 자행될 수 있다는 사실을 증명합니다.

범죄학자들이 각종 시설마다 구체적인 위법 행위의 비율을 측정할 수 있는지는 모르겠습니다. 그러나 학교가 제대로 기능하려면, 은행이 제대로 기능하려면, 세무 행정 시설이 제대로 기능하려면 어느 정도의 위법 행위 비율이 필요한지는 충분히 파악할 수 있으리라 생각합니다.

시설마다 존재하는 데 필요한, 그리고 존재하는 데 충분한 고유의 위법 행위 비율이 있습니다. 감옥도 제대로 기능하고 존재하려면 분명 어느 정도 수준의 위법 행위 비율이 필요하리라 생각합니다. 그리고 감옥의 위법 행위 비율은 분명 모든 시설의 이상적인 위법 행위 비율 중 가장 높을 것입니다.

감옥은 제도화된 위법 행위입니다. 따라서 서양 국가가 불법을 억제한다는 핑계로, 준법정신을 함양하기 위해 마련한 법적 장치의 중심에는 끊임없는 위법 행위를 연료 삼아 작동하는 기관실이 있다는 사실을 절대 잊어서는 안 됩니다. 감옥은 법의 테두리 안에 있는 카메라 옵스큐라 camera obscura(한쪽 벽에 작은 구멍을 뚫고 빛을 통과시켜 반대편 벽에 상이 거꾸로 맺히게 한 어두운 방－옮긴이)입니다.

우리가 속한 사회처럼 준법정신 함양을 위해 그토록 엄격하고 그토록 완벽한 법적 장치를 도입한 사회가 범죄만을 기반으로 작동하는 감옥이라는 작은 메커니즘, 그저

【 감옥의 대안: 푸코의 몬트리올 대학교 강연록 】

위법 행위·불평등·범죄의 온상지에 불과한 메커니즘을 그 중심에 둔 이유는 무엇일까요? 저는 감옥에서 이런 일들이 일어나는 데는 많은 이유가 있으리라 생각합니다.

특히 그중에서도 가장 중요한 한 가지 이유가 있습니다. 바로 이런 것이지요. 사람들이 법을 따르게 하려고 불법을 이용하는 이상한 제도를 택하기 전, 그러니까 이 감옥이라는 제도가 만들어진 18세기 말 이전의 앙시앵 레짐Ancien Régime(1789년 프랑스대혁명 이전의 절대왕정 체제—옮긴이)하에서 형법 체계는 사실 성긴 그물망 구조였습니다.

당시 사회에서 위법 행위는 보편적으로 꾸준히 일어났습니다. 한편으로는 권력의 무능함 때문에, 다른 한편으로는 경제적 급변기를 지나고 있었기 때문에 위법 행위가 필요했습니다. 16세기부터 18세기 말까지 이어진 경제적 변화가 자본주의의 발달로 이어졌는데 그중 많은 부분이 체제 및 사회제도와 관련된 범죄를 통해 이루어졌습니다. 밀수, 해적 활동, 조세 피난과 부당 징수를 위한 모든 행위는 자본주의가 발달할 수 있었던 통로였습니다. 이러한 위법 행위에 대한 관용, 즉 사회 안에서 벌어지는 범죄에 대해 온 사회가 한뜻으로 베푼 관용은 이 사회의 생존뿐만 아니라 발전에도 필요한 조건이었습니다.

　게다가 각기 다른 사회 계급들은 경쟁 관계를 유지하면서도 서로의 위법 행위를 자주 눈감아주곤 했습니다. 예를 들어 밀수입은 평민뿐만 아니라 부르주아에게도 매우 필요했습니다. 부르주아 계층은 18세기, 심지어 17세기에도 소금이나 담배 등의 밀수입을 전혀 막지 않았습니다. 위법 행위는 정치적 생명을 유지하는 동시에 경제 발전을 이루는 길 중 하나였습니다. 19세기에 접어들어 부르주아 계층은 그때까지 오랫동안 누려왔던 권력을 더는 얻을 수 없었지만 스스로 힘을 키울 수 있게 되었습니다. 산업사회와 일관되고 긴밀하게 연결될 방법을 구상해서 권력을 쟁취했습니다. 그래서 그전까지의 위법 행위에 대한 관용, 사회 전체에 만연했던 관용이 더는 허용되지 않게 되었습니다.

　물론 부르주아도 다른 사회계층처럼 자기 계층 안에서는 계속해서 위법 행위를 동력으로 삼아 경제활동을 이어나갔습니다. 세금, 회사법 등과 관련해 자신들에게 이익이 되는 일련의 위법 행위를 일삼았습니다. 결국 모든 대규모 자본주의 거래는 불법을 통해 이루어지는 것이지요.

　부르주아는 자신들의 범죄에는 완벽히 관용적이었지

만 17세기, 18세기에 자신들에게 도움이 되었던 평민들의 위법 행위를 19세기부터는 허용하지 않았습니다. 어느 순간부터 부르주아가 평민층의 위법 행위를 억제하고 통제하려 했는데, 평민층의 범죄가 경제적·정치적인 이유로 용납할 수 없게 되었기 때문입니다.

사실 경제적인 관점에서는 기계, 도구, 원자재 등을 노동자들의 손에 쥐여준 부르주아 자본주의 세력이 발달한 순간부터 밀수, 횡령, 소매치기 같은 모든 유형의 범죄가 점점 더 많이, 더 널리 퍼지게 되었습니다. 이러한 위법 행위는 더 이상 허용할 수 없거나 위험한 것으로 여겨졌지요. 산업형 경제조직이 생겨나자마자 노동자의 양심이 매우 중요한 요소가 되었습니다. 프랑스대혁명과 18세기 말부터 19세기 중반까지 이어졌던 평민 계층의 소요는 유럽을 뒤흔들었습니다. 이러한 정치적 움직임에 따라 평민이 저지르는 모든 위법 행위를 엄격하게 통제할 필요가 생겼습니다. 그 결과 부르주아 계층에게 형법 장치가 필요해졌으며, 앙시앵 레짐의 특징이었던 위법 행위에 대한 오래된 관용은 사라졌습니다.

평민 계층의 위법 행위를 압박하고, 관련된 법을 만들

고, 위법 행위를 법의 틀 안에 들이기 위해 여러 방법이 사용되었습니다. 그중 한 가지는 위법 행위에 특화된 특정 형태의 조직을 구체화하는 것이었습니다. 소수의 사람을 대체로 범죄라 칭할 수 있는 전문적인 위법 행위를 하는 집단으로 확실히 범주화했지요.

사실 이렇게 한 집단을 범죄자라고 확실하게 정함으로써 아주 강력한 권력 수단이 탄생했습니다. 우선 소위 전문화된 위법 행위를 저지르는 집단을 특정한 순간부터, 그들이 사회체 곳곳에 퍼져 있을 때보다 훨씬 쉽게 그들을 감시할 수 있게 되었습니다. 둘째로 이 전문적인 범죄자들은 존재만으로도 자신들이 저지르는 위법 행위의 피해자가 되는 대중과 갈등 관계를 형성하게 됩니다. 범죄자들끼리의 갈등과 대중과 범죄자 사이의 갈등은 19세기부터 공권력이 끊임없이 추구한 목표였습니다. 다른 한편으로, 적대적으로 대할 수밖에 없는 범죄자 집단의 존재 때문에 일반 시민들은 자신들 틈에 경찰이 항상 존재한다는 사실을 당연히 받아들이게 되었습니다.

이제 추리소설, 신문, 영화 등은 범죄자에 대한 공포심을 끊임없이 자극했고, 권력층은 대중의 두려움을 이용했습니다. 겉보기에는 누군가를 찬양하는 듯하지만 사실은 일반 시민을 겁주는 훌륭한 신화들, 즉 경범죄자나 무시무시한 중범죄자를 주인공 삼아 꾸며낸 엄청난 신화들은 경찰을 자연스러운 존재로 만들었고, 시민들도 경찰의 존재를 당연히 여기게 되었습니다. 그런데 경찰이 최근에 만들어진 집단이라는 점을 기억해야 합니다. 저는 편협한 국수주의자인 프랑스 사람이라서 이 훌륭한 경찰 제도를 프랑스가 만들었다는 사실을, 그리고 18세기 말과 19세기 초에 온 세계가 프랑스의 경찰을 모방해 각 나라에 경찰을 만들었다는 사실을 이야기해야겠습니다.

결국 조직화되고 전문화된 범죄자 집단이란 공권력에는 이용할 만한 가치가 있는, 그것도 여러 목적에 쓸 만한 좋은 수단이라고 할 수 있습니다. 왜냐하면 범죄자 집단에서 감시 임무를 수행하는 데 필요한 끄나풀, 스파이 등을 고용하기 때문입니다. 또한, 권력층에게 이익이 되는 모든 위법 행위를 저지를 때도 범죄자를 이용할 수 있습니다. 부르주아는 자기 손을 더럽히지 않으면서도 불법 거래를 자연스럽게 범죄자에게 시키게 되었습니다. 그러니까 전문적인 범죄 집단을 구성함으로써 경제적 이익과 정치적

46

【   «Alternatives» à la prison   】

이익을 위한 수단, 특히 긴밀한 범죄망을 조직하고 암호화하기 위한 수단을 찾을 수 있게 되었습니다. 이를 위해 범죄자를 모집하고, 그렇게 모은 이들을 범죄자라는 지위와 직업에 가두었습니다.

그렇다면 과연 어떤 수단을 써서 범죄자를 모집하고, 그들을 범죄 속에 계속 가두고, 그들의 범죄 활동을 끊임없이 감시할 수 있을까요? 물론 그 수단은 바로 감옥입니다. 감옥은 범죄자들을 만들어내는 공장이었습니다. 감옥을 이용해 범죄자를 양산했지요. 그래서 범죄자가 끊임없이 나오는 것은 감옥의 실패가 아니라 감옥의 성공입니다. 왜냐하면 바로 이러한 목적으로 감옥을 만들었기 때문입니다.

감옥은 전과前科 제도, 감시 수단, 범죄자 사이에 심어놓은 끄나풀, 범죄자 집단에 대해 수집한 상세 정보 등을 이용해 수감자가 다시 범죄를 저지르게 만들고 제법 전문적이고 폐쇄적인 범죄자 집단을 만듭니다. 이제 여러분도 감옥 덕분에 위법 행위에 대한 통제권이 유지된다는 점을 이해했을 것입니다. 감옥으로 인해 수감자들은 사회에 재편입될 모든 가능성을 차단당하면서 계속 범죄자로 남게 되었으며, 또한 언제든 원할 때 사용될 수 있도록 경찰의

【 감옥의 대안: 푸코의 몬트리올 대학교 강연록 】

통제하에 계속 범죄자로 남을 것입니다.

그러니까 감옥은 형법이 위법 행위에 맞서 싸우기 위해 만들어낸 수단이 아니라 위법 행위가 자행되는 무대를 재정비하고, 위법 행위의 경제를 재분배하고, 특정한 형태의 전문적 위법 행위를 생산하기 위한 수단이었습니다. 감옥은 한편으로 평민 계층이 저지르는 위법 행위를 억압하고 줄이면서 다른 한편으로는 권력 계층의 위법 행위를 위한 수단으로 사용하는 제도였습니다. 그러니까 감옥은 비행이나 위법 행위를 억제하기 위한 수단이 아니라 위법 행위를 재분배하는 수단입니다. 한두 가지 사례만 살펴보아도 이를 충분히 확인할 수 있습니다.

예를 들어 19세기와 최근 몇 년 동안에 일어난 범죄, 특히 성착취 범죄를 살펴봅시다. 성적 욕구는 수익 구조에 세금을 내지 않고도 쉽게 충족할 수 있습니다. 한편, 19세기에는 모든 부르주아 사회에서 매춘업이 매우 정교하게 발달하며 성적 쾌락을 팔아 믿을 수 없을 정도로 어마어마한 돈을 벌어들였는데, 불과 몇 년 전에야 당시의 매춘업 규모에 대한 조사가 이루어지기 시작했습니다. 19세기보다 매춘업의 규모가 비교적 줄어든 나라, 예를 들면 프랑스 같은 나라에서도 매출을 수치화해 기록할 수 있는 주요 경제 분야에서 매춘업이 여전히 큰 부분을 차지합니다. 따라서 19세기에 매춘을 통해 성적 쾌락을 팔아 거둔 이익의 규모는 틀림없이 엄청났으리라 확신할 수 있겠습니다. 그런데 이러한 성 산업에 종사했던 이들은 누구였으며, 성매매로 번 돈을 거둬들이고 감시하는 이들은 누구였을까요? 당연히 범죄자 중에서 이런 일을 할 사람을 구했던 것입니다. 매춘 알선자, 포주, 여관 주인 등이 각자 자기 방식대로 매일 밤 성을 팔며 돈을 벌어들였고, 이렇게 뒤가 구린 돈은 아주 명망 있는 금융기관으로 흘러 들어갔습니다.

분명히 범죄는 부르주아가 범죄자, 다시 말해 전문적으로 위법 행위를 저지르는 사람을 매개체로 삼아 성을 불법 착취하고 이로부터 불법 이익을 얻기 위해 사용한 도구 중 하나였습니다.

19세기에 노동자와 노동조합을 탄압하기 위해 범죄자를 이용한 사례에서도 똑같은 논리를 찾아볼 수 있습니다. 19세기 내내 파업 방해자, 선동자, 노동조합에 잠입한 끄나풀도 역시 전통적으로 범죄자들 사이에서 모집된 자들이었습니다. 이러한 현상을 이해하는 데 깊이 있는 분석까지 할 필요도 없습니다. 예를 들어 북아메리카의 마피아를 보십시오. 19세기에 그랬던 것처럼 범죄자들은 자신들에게 주어진 경제적, 정치적 역할을 계속해서 수행하고 있습니다.

그런데 예전에는 마피아가 존재하지 않았기 때문에 북아메리카에서 마피아를 고용하는 방식은 전통적인 범죄를 위해 범죄자를 고용하던 방식과는 완전히 다릅니다. 그리고 지금도 마피아가 존재하지 않는 나라도 있습니다. 이런 나라에서는 불법 거래를 할 인력을 어디서 어떻게 찾을까요? 물론 범죄 속에서 찾습니다. 그러니까 감옥이 이토록 중요한 이유는, 그리고 이토록 오랫동안 유지되어온 이유는, 즉 19세기 초 감옥이 처음 생겼을 때부터 사람들이 감옥에 대해 내놓은 온갖 비난과 반대 의견에도 불구하고 이토록 오랫동안 감옥이 살아남은 이유는 실제로 감옥이 명확한 정치적·경제적 역할을 도맡았기 때문입니다.

그렇다면 이쯤에서 던져야 할 질문이 하나 있습니다. 오늘날 감옥이 어떻게, 왜 쓸모 있는지 그리고 과거에 감옥이 어떻게, 왜 쓸모 있었는지 충분히 설명할 수 있음에도 불구하고 감옥에 대한 다양한 비난의 목소리가 계속해서 들려오고 실제로 감옥은 어느 정도 쇠락하고 있습니다. 이러한 현상의 이면에는 무엇이 있을까요? 감옥의 쇠퇴 현상은 그저 단순한 착각에 불과하고, 감옥의 위대한 메커니즘은 그대로 유지되고 있고, 그래서 범죄자들은 지금까지 해왔던 것처럼 똑같은 역할을 계속해서 수행하고 있을까요? 아니면 정말로 감옥이 그 효용성과 역할을 잃었을까요?

저는 실제로 감옥이 쇠퇴하고 있다고 봐야 하지 않을까 생각합니다. 감옥이 내림세에 접어든 것은 다소 좌파 성향의 사람들이나 박애주의적 신념으로 움직이는 사람들이 쏟아내는 비난 때문만은 아닙니다. 감옥이 쇠퇴하고 정부가 이러한 사실을 받아들이고 있다면 이것은 지난 몇 년 동안 실제로 범죄자에 대한 필요가 줄었기 때문이라고 생각합니다.

정부는 지금까지와는 달리, 더 이상 범죄자들을 필요로 하지 않게 되었습니다. 특히 19세기의 사회에서는 그토록 용납되지 않았던 사소한 위법 행위, 예를 들면 소매치기와 같은 사소한 위법 행위를 모두 시급히 막아야 할 필요가 없어졌다는 점을 알고 있을 것입니다. 예전에는 사소한 도둑질로 사람들을 겁먹게 해야 했습니다. 그러나 지금은 정부가 시민을 전반적으로 통제하는 법을 잘 알고 있으며 허용할 수 있는 범위 안에서 절도율을 일정 수준으로 유지하려고 합니다. 절도를 막는 데 드는 비용과 절도를 어느 정도 허용할 때 드는 비용을 계산합니다. 이렇게 경제적, 도덕적, 정치적으로 피해를 주지 않는 선에서 절도를 허용하는 것과 일정한 한계를 넘는 절도를 막기 위해 감시하는 것 사이에서 최적의 지점을 찾는 법을 알게 되었습니다.

백화점에서 절도를 통제하는 방식, 절도 피해를 보상하는 방식, 부도수표에 대처하는 방식, 의료보험이나 사회보험에 관련된 사기를 피할 방법 등을 살펴보면 행정 당국이나 정부 당국이 위법 행위의 비용을 얼마나 완벽하게 계산했는지, 그리고 완전히 허용해도 되는 위법 행위의 형태와 근절해야 하는 범죄 형태를 얼마나 완벽하게 구분했는지 알 수 있습니다. 결국 평민 계층의 범죄를 근본적으로, 개별적으로, 즉각적으로 억제해야 한다는 생각은 이제 정치적으로는 시대에 뒤떨어지고 경제적으로는 모순적인 생각으로 여겨집니다. 그래서 이제 허용되는 사회적 위험에 위법 행위가 포함되게 되었습니다.

또한 범죄와 법법자 집단의 존재는 경제적, 정치적 효용성을 많이 상실했습니다. 조금 전에 우리가 이야기한 성 산업을 예로 들어 살펴봅시다. 과거에는 매춘을 통해 성을 팔며 이윤을 거두었습니다. 여러분도 아시다시피 지금은 그보다 더 효과적인 다른 방법들을 사용합니다. 예를 들면 피임 상품 판매, 성적 치료, 성과학sexology, 성적 정신병리학, 정신분석, 포르노그래피 등을 통해 돈을 법니다. 고리타분하고 시시한 매춘보다 훨씬 더 흥미로운 방식으로 돈을 벌어들인다고 할 수 있겠습니다.

그리고 지금의 마약, 무기, 통화 등을 사고파는 대규모 국제 거래는 전통적인 범죄자들의 능력을 점점 더 벗어나고 있다고 볼 수 있습니다. 과거에는 간 큰 사람들이나 경범죄를 지어 감옥에 들어갔지만, 그들은 감옥에서 범죄자로 길러지더라도 현대사회가 필요로 하는 국제 밀매단원이 될 수는 없었습니다. 몸 쓰는 일에만 익숙하고, 너무 서투르며, 너무 티가 나는 인력이었으니까요.

이제는 거대 자본주의자들이 스스로 대규모 위법 행

위를 관리합니다. 그만큼 범죄는 지위를 잃었고, 효율성과 정치적·경제적 이점도 갈수록 줄어들고 있다고 말할 수 있겠습니다. 사람들이 낡고 오래된 감옥이라는 제도에 대해 비난하는 이유는 두말할 필요 없이 바로 이 때문입니다. 감옥에 대한 비난 또한 오래전부터 계속되었는데 이제 정말 그 효과가 나타나는 것 같습니다. 제가 여러분에게 앞서 소개했던 그 유명한 대체 방안들이 이제 정말로 현실에 등장한다는 사실이 놀랍지도 않지요. 그런데 이는 새로이 등장한 박애주의자들의 맹렬한 비난 때문도 아니고, 최근의 범죄학이 감옥의 벽을 완전히 허물거나 어쨌든 감옥의 벽을 낮춰야 할 필요성을 확실히 인정하기 시작했기 때문도 아닙니다.

만약 감옥이 처음으로 변하기 시작한다면 그것은 감옥의 단점을 처음으로 인정해서가 아니라 감옥의 장점이 처음으로 사라지기 때문일 것입니다. 그러니까 지금은 범법자를 만들어내는 공장이 더는 필요하지 않게 되었습니다. 전문화된 범죄자를 이용한 사회통제가 효용성을 잃은 만큼 더 치밀한 통제, 더 섬세한 통제를 할 수 있는 이들이 그 역할을 이어받아야 할 필요성이 커졌습니다. 그리고 이는 심리학, 정신병리학, 사회심리학, 범죄학 등의 지식le savoir을 통한 통제를 의미합니다.

지식을 이용하면 과거 감옥–범죄자의 조합을 바탕으로 한 조잡한 수단보다 훨씬 더 효과적으로 사회를 통제할 수 있습니다. 이는 범죄자가 정치적, 경제적 효용성을 잃었다는 것을 의미합니다. 범죄자를 만들어낼 필요가 없어졌고, 위법 행위를 연료 삼아 그것을 전파하고 통제하기 위한 기계인 감옥도 더는 필요하지 않게 되었습니다. 그래서 감옥–범죄자의 합을 대체할 통제 도구가 필요해졌고, 이제 감옥과 범죄자가 아니라 통제와 비정상인으로 이루어진 새로운 조합이, 새로운 한 쌍이 필요해졌습니다. 탈선하는 개인에 대한 통제는 감옥과 범죄자가 오랫동안 맡아온 역할을 대체해 다른 방식으로 확산하고 다른 결과를 거둘 것입니다.

지금까지 나눈 이야기에서 우리는 어떤 결론을 내릴 수 있을까요? 여러분도 아시다시피 저는 감옥이 실패했다고 생각하지 않기 때문에 감옥을 대체할 어떤 제안도 할 생각이 없습니다. 저는 감옥의 성공을 믿습니다. 범죄자의 필요성이 없어졌다는 사실을 이제 우리가 모두 알게 된 만큼 감옥은 완벽하게 성공했다고 말할 수 있습니다. 감옥은 와해하지 않았습니다. 그저 우리가 감옥을 통해 얻을 수 있는 이득이 필요하지 않게 되었으므로 자연스러운 쇠락 절차를 밟는 것뿐입니다.

그리고 제가 여러분에게 어떠한 제안도 내놓지 않겠다는 또 다른 이유는 실로 감옥의 대안이 없기 때문입니다. 아니 그보다는 사람들이 감옥의 대안이라고 제시하는 것은 사실 알고 보면 '감옥과 범법자'라는 낡고 시대에 뒤떨어진 조합에 요구되었던 오래된 기능을 다른 방법이 대체해 훨씬 광범위하게 적용한 것뿐입니다.

그렇다면 감옥의 대안과 감옥의 실패를 실용적인 관점에서 살펴본다면 어떨까요? 저는 순전히 전략적인 관점에서 두어 가지 의견을 제시하며 오늘의 강연을 마치려 합니다. 첫째로, 감옥을 축소하고 감옥의 수를 줄이고 감옥의 기능을 수정하고 감옥에서 만들어질 수 있는 모든 위법 행위를 부정하는 것도 나쁘지는 않습니다. 사실 괜찮은 생각이기도 하고, 어쩌면 지금 우리에게 필요한 관점일 수도 있습니다.

그러나 앞서 말한 대로 감옥을 부정하고 감옥을 퇴보

시키거나 소위 감옥의 대안이라 부르는 것으로 대체하려는 생각은 혁신적이지도, 반체제적이지도, 심지어 진보적이지도 않습니다. 점점 더 범죄자에 대한 수요가 줄고, 그에 따라 감옥의 필요성도 줄어들게 되면 장기적으로 감옥이 우리 사회에서 큰 문제가 되지는 않으리라 생각합니다.

둘째로, 조금 더 나아가야 합니다. 그러니까 감옥을 축소해야 한다는 생각은 혁신적이지도, 심지어 진보적이지도 않습니다. 우리가 조심하지 않는다면 감옥의 대안이라는 것은 결국 지금까지 감옥 내부에서 이루어졌던 기능을 감옥 밖으로 자유롭게 해방하고, 그에 따라 통제·감시·정상화normalisation·재사회화 같은 여러 절차가 이 기능을 다시 수행하는 방법이 될 수도 있습니다. 감옥을 무작정 비난하고 감옥 고유의 메커니즘이 사회체 곳곳에 재확산될 위험성을 충분히 고려하지 않고 감옥의 대안을 찾는 데 급급하면 정치적으로 위험할 수도 있습니다.

셋째로, 감옥이라는 문제는 단순한 형법 논리 속에서 해결되는 문제도, 그 속에서 제기할 수 있는 문제도 아닙니다. 범죄에 관한 심리학적 용어나 사회학적 용어만으로 비추어 볼 수 있는 문제도 아닙니다. 감옥, 감옥의 역할, 감옥의 해체 가능성에 대한 문제는 오직 경제적 용어와 정치적 용어, 그리고 이렇게 말해도 될지 모르겠지만 위법 행위의 정치적·경제적 용어로만 제기할 수 있습니다.

"우리의 영혼을 그토록 갉아먹는 악의 축인 감옥을 계속 유지하고 지금처럼 운영할 생각입니까, 아닙니까?" 이런 질문을 권력층에 던질 수는 없습니다. 그 대신 "감옥에 대해서 장황하게 떠벌리는 건 이제 그만하십시오. 우리 시민이 법을 지키게 하려고 한다는 소위 그 노력이라는 것도 그만두십시오. 당신들이 위법 행위를 어떻게 이용하는지나 이야기해보십시오"라고 말해야 합니다. 진짜 필요한 질문은 이런 것입니다. "당신들, 그러니까 권력을 쥔 당신들이 여러 종류의 위법 행위를 구별하기 위해 세운 기준은 대체 무엇입니까? 당신들은 다른 계층의 사람들이 저지르는 위법 행위와 당신들이 저지르는 범죄를 각각 어떻게 처리합니까? 당신들이 관리하는 여러 가지 위법 행위는 무슨 목적으로 이용되며, 그로부터 당신들은 어떤 이익을 취합니까?"

우리가 권력층에 따져야 할 것은 앞서 나열했듯 전반적인 위법 행위의 경제에 대한 문제입니다. 물론 그들이 대답하리라는 기대는 버려야 합니다. 이러한 질문들은 우리가 현상을 분석하려고 던지는 것이기 때문입니다. 이처럼 사회 속에서 위법 행위가 기능하는 거대한 정치적, 경제적 맥락을 고려하지 않고서 형법과 처벌에 대해 문제를 제기한다면 이는 당연히 추상적인 질문이 될 수밖에 없습니다.

마지막으로 어쩌면 많이들 들어보았을 구절을 인용하려 합니다. 새로운 사회를 꿈꾸지 않고서는 감옥을 개혁할 수 없습니다. 사실 다른 처벌 방식을 상상하려면 다른 사회를 상상해야 한다고 생각합니다. 다른 사회를 만들어야한다는 희망 속에서 가장 중요한 것은 온건한 처벌이나 허용 가능한 처벌 혹은 효과적인 처벌 방식을 구상하지 않아야 한다는 점입니다.

그리고 그것보다 앞서 생각해야 할 것이 있습니다. 물론 분명히 생각보다도 실현하기 훨씬 더 어렵겠지만 우리가 꼭 추구해야 하는 목표입니다. 어떤 사회가 우리 눈앞에 펼쳐질지를, 어쩌면 정말 끔찍한 미래가 그려질 수도 있겠지만 우리는 이러한 질문을 던져보아야 합니다. "권력층이 위법 행위를 필요로 하지 않는 사회를 정말 만들 수 있을 것인가?"라고 말이지요.

중요한 것은 불법에 대한 사람들의 선호도가 아니라, 권력층이 위법 행위를 소유하고 통제하고 이를 통해 권력을 행사할 필요가 있는지를 물어보아야 합니다. 감옥이든 '굴라크Goulag(옛 소련의 정치범 수용소-옮긴이)'든 다른 어떤 수단을 통해서든 범죄를 이용하는 데 있어 가장 중요한 문제는 '위법 행위를 반기지 않는 권력이 과연 존재할 수 있는가'입니다.

감사합니다.

"지금까지 나눈 이야기에서

우리는 어떤 결론을 내릴 수 있을까요?

여러분도 아시다시피 저는 감옥이 실패했다고

생각하지 않기 때문에 감옥을 대체할

어떤 제안도 할 생각이 없습니다."

(2)

푸코의 사유를 통해
우리의 형법 현실에 대해
생각하기

실뱅 라플뢰르

(❋)

미셸 푸코는 인문과학의 인식론적 단절, 담론의 체계 정리, 이해관계에 따라 광인을 대하는 관행, 정신병원과 감옥의 탄생, 중농주의적 통치성gouvernementalité physiocratique과 독일의 질서자본주의적 통치성gouvernementalité ordolibérale, 법정에서의 자백, 기독교적 윤리와 성적 규범 등을 다루었다. 그는 '감옥 정보 그룹Groupe d'information sur les prisons, GIP'을 창설해 수감자들의 이야기를 감옥 밖으로 전하기 위한 운동을 이끌었다. 푸코가 쓴 권력 행사의 미시물리학적 측면에 관한 논문과 생명정치학biopolitique에 관한 논문은 널리 알려져 있지만, 형법 진보주의(감옥 개혁)에 관한 그의 입장은 아직까지 잘 알려지지 않았다고 생각한다.

따라서 우선 푸코의 사유를 구성하는 몇 가지 주요 요소를 상기하고, 형법 변화에 관한 그의 입장이 우리의 현실에 비춰 정당한지를 확인할 필요가 있다고 생각했다.

【 위법 행위 】

모든 개인은 생존하고, 번식하고, 상호작용하고, 욕구를 충족하고, 쾌락을 얻고, 생존을 보장하기 위한 행동을 취한다. 사람들은 먹고, 일하고, 말하고, 자고, 도망치고, 사랑을 나누고, 이동하고, 협력하고, 자신을 표출하고, 어지럽히고, 위험을 무릅쓴다. 그런데 이러한 행동 중 일부는 그 행동을 취하는 시대의 감수성과 맥락이나 개인의 이익에 반한다는 이유로 금지되는 것일 때 처벌 대상이 될 수 있다. 다시 말해 이러한 행동은 위법 행위가 되며, 합법과 불법을 가르는 가변적인 경계에 서 있다. 그런데 이런 위법 행위가 처벌받는 이유는 그 행동이 처벌 대상이라고(혹은 처벌 대상이 되리라고) 법에 명시되어 있기 때문이 아니다. 일례로 미국 뉴잉글랜드의 방직 공장들이 했던 사적 거래는 당시의 법을 위반하는 행위였지만, 이를 원하는 이들이 많았기 때문에 묵과되었고 심지어 장려되기도 했다.[5]

마찬가지로 법이 동성애를 죄로 여기고 동성애자를 최악의 형벌로 다스렸던 시대에 공시대(죄인의 목과 손을 묶어 매달던 형벌대-옮긴이)로 끌려간 동성애자는 극소수에 불과했다. 이는 법문에 동성애 행위가 금지되지 않았거나 동성애자가 교정 권력을 지닌 기관에 의해 어떠한 방식으로든 처벌받지 아니한다(혹은 아니할 것)고 명시되지 않았기 때문은 아니다. 그런데 이와 반대로 동성애가 법적으로 무죄가 된 후에 경찰이 동성애자를 처벌한 경우[6]도 있었고, 처벌의 대상이 아니며 헌법으로 인정받는 행위(시위, 파업 등)임에도 사법기관에 의해 강력하게 제재된 경우도 있다.[7]

푸코는 법과 경찰 개입의 자유재량적 특징을 묘사하기 위해 위와 같은 사례를 제시했다. 이를 통해 우리는 자기가 원하는 대로 질서의 수호자 역할을 할 수도, 법을 무시할 수도 있는 공권력이 우리의 일상적인 행위에 이러한 자유재량을 행사한다는 점을 다시금 깨닫게 된다.

위법 행위의 차별적인 처분은 처벌 사회sociétés punitives

에 대한 푸코의 사유를 이루는 근본적인 주제이자 주춧돌이다. 푸코는 1973년 2월 21일에 프랑스 최고의 교육기관 콜레주 드 프랑스Collège de France에서 했던 강연에서 "위법 행위의 긍정적 기능에 대해 자문하지 않고서는 형벌 체계와 법과 금지 체계가 어떻게 기능하는지를 이해할 수 없다"[8]라고 말했다.

위법 행위의 개념 덕분에 우리는 (위반과 경범죄의 개념부터 시작하는) 범죄학의 기본 용어를 뛰어넘을 수 있다. 잠시나마 내적 모순[9]에서 해방된 정치적, 경제적 삶을 외부에서 위협할 수도 있는 범죄성이라는 개념에만 의존하는 시각에서 벗어날 수 있다. 이러한 관점에서 본 위법 행위의 개념은 상류층이 범죄를 제도화하고 사회에서 배척당한 계층을 자신들의 이익을 위해 이용한다는 푸코의 주장을 뒷받침한다. 푸코가 《감시와 처벌Surveiller et punir》의 말미와 몬트리올 강연에 위법 행위의 개념을 전략적으로 등장시킨 것도, 처벌받을 수 있는 행동(실제 처벌 여부는 중요하지 않지만)으로 얻을 수 있는 이익(금전적, 정치적, 상징적 이익)을 고려하고 처벌의 기능에 관해 문제를 제기하지 않고서는 구금과 형법 체계를 비난할 수 없다는 사실을 상기시키기 위해서였다.

푸코가 처벌의 세계를 바라본 시선에는 아래와 같이 이상적인 법의 절차와는 단절된 법적 사실주의가 담겨 있다는 점을 강조해야 하겠다.

1. 입법부가 법을 통해 금지 행위를 명령
2. 경찰이 명령을 수행
3. 이에 따라 사법기관이 처벌을 결정
4. 구금 기관과 처벌 기관이 처벌을 집행

푸코는 사법기관과 경찰이 법을 적용하기 위해 노력한다고 기대하는 전제를 부정했다. 또한 사법기관과 경찰이 법과 정의의 역학을 뒤바꿀 행동의 변화를 끌어내기 위해 시간이 지나면 자신들의 개입을 조절한 것이라고 주장했다.[10] 사실 푸코는 정상화 사회의 등장으로 인해 '사법적-담론적'[11] 기반이 더욱 빠르게 쇠퇴했으며 법은 부차적인 것[12]이 되었다고 생각했다. 이는 법의 영향력이 희미해졌다거나 사법기관이 사라지고 있다는 의미가 아니다. 오히려 법이 한층 더 표준으로서 기능하고, 사법기관이 '특히 규제 기능을 하는 조직들(의료 조직, 행정조직 등)의 연속체'[13]와 항상 발맞추고 있다는 것을 뜻한다. 확장된 생명정치학적 관점에서 보면 다양한 기관이 사법적 범위를 벗어난 개인의 활동을 단속할 수 있게 하거나 개인을 법적 제약 아래 두게 하기 위해 법적 수단을 다듬어야 한다고 판단될 때 법체계를 중심에서 벗어나게 하는 정상화 관행에 지나치게 의존한다면 입법 인플레이션[14](기존 법의 개정만으로도 충분히 규율할 수 있음에도 별도의 법을 제정해 법률의 양이 증가하는 현상-옮긴이)이 쉽게 일어날 수 있다.

　푸코는 법이 엄격성에 의해 정의되지는 않는다고 주장했으며 늘어난 법률의 양이 부여한 자유 덕분에 질서의 수호자가 사소한 일을 문제 삼아 개인을 법이 구속하는 세계로 내던져버릴 수 있게 되었을 것[15]이라고 추측했다. 그 결과 그 결과 시민과 '비정상인'을 통치하는 방식을 합리화한 정상화 사회(제어 사회 혹은 안전 사회)는 이제 통치 방향을 결정하는 '질서의 우위' 아래에 놓이게 된 것이다.

　푸코가 처벌의 존재에 반대하지 않았고 개인이 규칙을 위반할 시 처벌받는 것은 전혀 "문제가 되지 않는다"[16]고 생각했다는 사실을 기억해야 할 필요가 있다. 반면 그는 사회에 존재하는 실질적인 문제를 전혀 고려하지 않은 독단적이고 시대에 뒤처진 관행을 그대로 받아들이는 사법 체계에 맞섰다는 이유로 개인을 구금하는 것은 "용인할 수 없다"[17]고 생각했다. 그렇기 때문에 푸코는 그 시대의 베카리아(이탈리아 법학자 체사레 베카리아Cesare Beccaria —옮긴이)와 베르탱(루이프랑수아 베르탱Louis-François Bertin은 입헌군주제를 지지한 언론인으로 7월 왕정을 성공으로 이끈 인물—옮긴이)과 같은 이들, 다시 말해 법을 개정할 임무를 맡은 이들의 실천을 강제하기 위해 처벌 대상이 되는 행동을 명확하게 정의할 것을 촉구했고, '비처벌적'인 새로운 법의 제정을 바랐고, 처벌의 몰상식함을 강조했다.

이처럼 위법 행위의 차별적 처분과 '질서의 우위'하에 놓인 법체계에 관한 생각을 바탕으로 푸코는 형벌의 인간화에 참여하는 관행에 대해 의문을 표했다. 구금이 아래 두 기능을 수행해야 한다는 점을 생각해보자.

1. 재범을 예방하는 감화 기능
2. 법을 무시함으로써 사회에 피해를 끼친 이들에게 속죄의 고통을 주어 대가를 치르게 하는 처벌 기능

【 푸코의 사유를 통해 우리의 형법 현실에 대해 생각하기 】

그런데 푸코는 수감자를 개심시키지 못한 감옥의 실패를 지적하며, 감옥이 그곳을 드나드는 이들에게 불명예의 낙인을 찍으며 '범죄 학교' 구실을 하는 만큼 구금형이야말로 재범자를 만들고 그들을 관리 대상자로서 사법 체계 아래 두기 위한 수단이라고 생각했다. 이러한 점에서 감옥은 소외의 기법[18]으로 이용되며 무엇보다도 부차적인 목표를 달성하게 돕는다. 일하지 않던 이들을 다시 일하게 하고, 사회에서 기피되는 자들을 이동시키고, 권력층을 위한 인력 창고를 만들고, 이들을 유용하게 사용하기 위해 영구적인 낙인을 찍는다. 결과적으로 구금은 절대로 위법 행위를 없애기 위해 존재한다고 할 수 없다. 오히려 몰상식한 일들을 저지른 이들을 유순하게 만들기 위해서, 또는 심지어 형법의 하위 차원에서 규율이라는 이름으로 사회를 어지럽히는 일련의 행위(생활 방식, 담화의 유형, 권위에 대한 거부, 비정상적 행동 등)를 했다는 이유로 특정 개인을 잡아 와 처벌하기 위해서라고 할 수 있다.

당시에는 불우한 자들(빈민층이나 이주민)을 과도하게 잡아 구금하거나 유치장에 구류하기도 했는데,[19] 푸코는 감옥에 대한 끊임없는 비난 앞에서, 감옥의 대안으로 어떤 형태의 처벌이 가능할지 생각해보았다. 푸코는 '대안'이라는 것이 감옥의 본래 기능을 배제하지도 않을 것이고 위법 행위의 차별적 처리 기준인 범법자의 유용성과 관련한 측면도 계속 반영할 것이라고 생각했다. 따라서 그는 대체 형벌이 수형자를 사회의 흐름 밖으로 내보내면서 구금의 긍정적인 효과는 유지하는 한편 감옥 내부의 위험은 제거할 수 있어야 한다고 가정했다. 앞서 나온 푸코의 몬트리올 강연을 떠올려보자. 그는 이전에 감옥을 대체하기 위해 했던 시도는 감옥의 본질적인 논리(강제수용–착취, 외인부대Légion étrangère와 같은 특수 파견부대 창설)를 따랐다고 설명했다. 그는 안전(질서의 우위)을 핑계로 대며 이루어지는 형벌의 재정비는 이처럼 감옥의 논리를 연장하는 것이라고 생각했다. 그렇기 때문에 구금을 대체하는 처벌 방식은 "마치 세포벽 너머로 퍼지는 암세포처럼 감옥의 벽 너머로"[20] 똑같은 형태의 권력을 확산할 수도 있다.

【 현실성 】

확실히 푸코는 구금형의 대안에 대해 어느 정도 회의적이었다는 것을 알 수 있다. 그리고 그는 정신질환자의 탈원

화에 대해서 신중한 태도를 보인 것처럼, 대체형의 진보적인 성격에 대해서도 같은 견해를 유지했다. "그런데 주의해야 할 부분이 있다. 정신병원의 개념과 맞서는 반정신의학 운동으로 인해 정신질환이 시설 밖으로 나가서 일상생활에 개입하는 일이 늘어나서는 안 된다."[21]

형법의 세계와 형법의 변화에 대해 비판적이었던 푸코는 사법적 통제contrôle judiciaire(수사를 위해 구속 전 피의자의 자유를 제한하는 조치-옮긴이)를 받는 피의자 수와 구금률이 지금보다 비교적 낮았던 1976년에 경찰이 열린 감옥의 교도관이 될 수밖에 없으리라고 추측했다. 사실 당시의 사회통제는 실제로 사법적 통제 대상의 수를 줄일 수도 있는 상징적인 응징 의식(속죄 과정)을 중시하는 것과는 거리가 멀었다. 오히려 사회통제가 지난 수십 년 동안 우리 사회의 거의 모든 곳에서 발달하면서 경찰권과 사법권이 더 광범위하게 사회 내에 침투했다. 한편 여러 사회에서 기계적으로 처벌을 하고 몰상식한 행동(언쟁, 주먹다짐, 협박 등)에 대해 대중의 민감도를 바탕으로 유죄판결을 내림으로써 형법을 강화하고 있다. 그 결과 위법 행위의 새로운 범위가 생겨났고, 단순한 경범죄에 속하는 특정

행동에 대해서도 구금형을 내릴 수 있게 되었다.[22]

푸코의 몬트리올 강연 이후 40년 넘게 지난 지금, 프랑스뿐만 아니라 일부 국가를 제외한 전 세계에서 수감자 수가 증가했다. 수감자 수는 제2차 세계대전 종전 이후 계속 증가해 2000년대 동안 아메리카(미국 제외)에서 108퍼센트, 아시아에서 29퍼센트, 아프리카에서 15퍼센트, 오세아니아에서 59퍼센트 증가했다. 브라질의 수감자 수는 115퍼센트 증가해서 50만 명에 달하고, 터키에서는 145퍼센트나 늘어났다. 수감되지 않은 피의자를 통제하기 위한 조치는 지난 수십 년 동안 아주 다양하게 발달했다. 예를 들면 1970년대 20만 명이었던 미국의 구금자 수는 현재 230만 명에 육박하며, 게다가 여러 유형의 보호관찰 대상자 수는 470만 명에 달한다.[23] 따라서 처벌의 종류를 다양화하면 수감자 수가 줄어들 것이라는 생각은 오판이었음을 알 수 있다. 대체형(징역형 집행유예, 보호관찰 조건의 집행유예, 운전면허 정지, 이동 금지, 거주지 지정, 근무나 교육 시에만 자유를 허용하는 반#자유 상태, 의무 치료 명령 등)이 초단기 구금형의 확대를 막는 효과는 있었지만 대거 줄이지는 못했다. 사실 앞서 언급한 모든 상황을 보면 감옥의 대안은 구금 기간을 연장하고, 특정 위법 행위(교통법규 위반, 무임승차, 가정 폭력, 미지불, 사기, 협박)에 대한 처벌을 가중하고, '느슨한' 감시 체계를 수립하는 데 기여했다.

감옥의 대체 방안은 구금형과 나란히 놓고 비교하면 실제로 구금에 대한 억제력도 없고 각종 차별, 인종주의, 자의적인 결정 등의 이유로 비난받는 모순적인 시설에 대한 해결책도 제시하지 못한다. 이러한 점을 고려하면 대체안은 그저 더 많은 사람을 잡아넣고 싶은 욕망으로 인한 감옥 과밀화 문제를 해결하기 위해 내놓은 방안이라고 추측하는 것이 정확해 보인다.

세르주 포르텔리Serge Portelli 판사(2012년부터 2018년까지 프랑스 베르사유 고등법원 부장판사로 있었고, '반 사르코지'파로서 형법 강화와 최소 의무 양형에 반대했다)와 같은 진보적 성향의 법학자, 입법자, 법의학자는 감옥의 과밀화 때문에 구금형의 대체 처벌에 의지하는 것은 "범죄에 유리한 조치도 아니고 방임적인 신호도 아니지만 가장 현명한 대응"이라고 생각한다. 왜냐하면 대체형은 "강력한 제약을 부과할 뿐만 아니라 수형자의 재사회회화를 진정으로 돕기"[24] 때문이다.

포르텔리 판사는 유럽 평의회 장관 위원회Comité des min-
istres du Conseil de l'Europe의 권고 사항과 뜻을 함께한다. 그는
구금형의 대안을 이용해 피고인을 반자유 상태로 두는 방
법은 "범법자가 계속해서 선택과 사회적 책임을 이행할 수
있도록 하기 때문에 범법자뿐만 아니라 사회 공동체에도
정말 유용하다"[25]고 주장했다. 이러한 점에서 대체형은 개
인이 유죄판결의 원인이 된 자신의 과오에 비해 지나치게
엄격한 처벌인 구금형을 받는 끔찍한 두려움을 겪지 않고
도 충분히 반성하게 함으로써 덜 나쁜 방안이 될 수 있다.
진정한 의미의 진보가 될 수도 있다.

　　타인에게 해를 가했거나 다른 행동을 선택할 수도 있
었던 사람을 대체형으로 처벌하는 경우에는, 대체형을 지
지하는 논거가 푸코의 발언과 양립할 수도 있다. 그런데
대부분의 서양 국가에서 처벌 체계는 한편으로 위법 행위
를 저지른 개인을 사법화해 새로이 불관용의 대상으로 만
들고,[26] 다른 한편으로는 자신에게 부여된 '사회적 책임'을
다할 만한 경제력이 없거나 외모를 기준으로 한 검사, 신
분 검사, 불심검문, 수색 검사(의복과 휴대품 외부를 손으
로 만져서 검사하는 것—옮긴이)와 같은 지속적인 경찰 감

77

【 푸코의 사유를 통해 우리의 형법 현실에 대해 생각하기 】

시의 대상이 되는 사회적 소외 계층과 차별받는 소수 민족을 선택적으로 사법화하는 경향이 있다.

사실 느슨한 처벌을 진보적인 발전이라고 생각하는 대체형 찬성자는 처벌의 세계를 관통하고 구성하고 이끄는 관점과 결정론은 고려하지 않는다. 그리고 그들은 감옥 밖의 공간에서 작용하는 구금으로 인해 부수적으로 발생하는 성가신 문제들 또한 대수롭지 않게 여기는데, 이러한 문제들은 개인에게 사법적 의무를 부과하므로 감옥과 확실하게 단절되지도 않으며 결국 제도적 차별을 반복시키고 증가시킨다. 그렇다고 해서 대체형 지지자가 인종차별주의자이고 계급차별주의자라고 말하는 것은 아니다. 다만 양형에 대한 비판적이고 경험적인 검토를 통해 밝힌 것처럼 이러한 주장은 대체형의 표면적인 진보가 그저 환상에 지나지 않는다는 것을 의미한다. 민족지학적 조사, 철학적 사유, 프랑스(디디에 파생Didier Fassin의 《질서의 힘La force de l'ordre》, 아사 트라오레Assa Traoré와 조프루아 드 라갸느리Geoffroy de Lagasnerie의 《아다마 전투Le combat Adama》)와 미국(앨리스 고프먼Alice Goffman의 《도주On the Run》, 패트리스 컬러스Patrisse Cullors의 《그들이 당신을 테러리스트라고 부를 때When They Call You a Terrorist≫, 재키 왕Jackie Wang의 ≪교도소 자본주의Carceral Capitalism≫)에서 출간된 개인적인 사법 관련 경험담 또한 모두 같은 내용을 담고 있다. 이 이야기들은 정작 결정을 집행하는 당사자인 다양한 사법 요원들을 고려하지 않은 정치적 결정과 차별적인 과잉 감시로 인해 인종차별을 받은 소수민족 구성원들을 사법화하는 내용을 담고 있다.

그런데 사법 체계가 차별적이라는 사실은 범죄학 분야의 관찰자나 실무자라면 모두 다 알고 있는 공공연한 비밀이다. 길거리에서 경찰이 외모를 기준으로 처벌 대상을 정해 신분을 조사하고, 이후 그 조사당한 이들이 특정 유형의 사건을 방만하게 처리하는 검사, 변호사, 국선 변호사의 사무실에 끌려 다닌다는 사실을 어찌 모를 수 있을까? 오늘날 경범죄 통계만으로 정치 관행, 경찰 관행, 사법 관행, 처벌 관행을 이해할 수 없다는 점은 의심할 여지가 없다. 오히려 그와 반대로 사소한 경범죄를 억제하고 특정 집단(그들에 대한 반감은 공개적으로 표현되지는 않지만 분명 존재한다)을 엄중히 처벌하는 것이 당연하게 여겨지는 우리 시대에 처벌 정책, 경찰 관행, 사법적 결정이 "결정권자, 입법자, 경찰, 재판관이 책임지고 이끄는 변화를 정당화"[27]한다는 사실을 보여주는 관련 지표를 통계에서 확인할 수 있다.

　푸코는 몬트리올 강연에서 감옥의 대체형이 낳을 여파에 대한 자신의 우려를 나타내고자 했다. 경찰의 선별적인 관행은 범법자를 만들어내고, 대체형은 사법절차를 통해 이렇게 체포한 범법자를 감시하는 임무를 경찰에게 부여함으로써 경찰 권력의 강화에 가담한다. 푸코는 1977년 텔레비전 채널 앙텐 2Antenne 2(현재는 채널명이 '프랑스 2'로 변경되었다-옮긴이)를 통해 방영된 인터뷰에서, 사법부가 실제로 하는 일은 처벌받아야 할 사람들을 결정하는 사법부의 권한을 경찰에게 승인함으로써 경찰을 기능하게 하는 것이라고 주장하며 대체형에 대한 우려를 거듭 드러냈다.[28] 이러한 이유로 경찰은 그 누구도 침해할 수 없는 발언권을 갖게 되므로 차별적인 처벌에서 중심적인 역할을 하는 주인공이자 사회적 공격성의 수행자인 것으로 보인다.

　푸코의 몬트리올 강연을 지금 다시 읽는 이유는 그가 오늘날에도 만연한 경향을 예리한 통찰력으로 지적했기 때문이다.

사실 느슨한 처벌을

진보적인 발전이라고 생각하는

대체형 찬성자는

처벌의 세계를 관통하고

구성하고 이끄는 관점과

결정론은 고려하지 않는다.

(3)

감시받는
집

토니 페리와의 인터뷰[29]

(인터뷰어: 실뱅 라플뢰르)

【Q】 푸코는 감옥의 대안에 대한 강연에서, 감옥이 사라지고 사회 안에서 감옥 구조의 기능을 수행할 처벌 형태에 의해 감옥이 대체될 수도 있다고 막연하게나마 예상했습니다. 대체형의 등장이 처벌 분야의 진보인지에 관한 판단은 차치하더라도, 푸코가 감옥 제도의 폐지에 찬성했다고 생각할 수 있지 않을까요?

【A】 분명한 것은, 미셸 푸코는 감옥 폐지론을 지지한다고 밝힌 적이 결코 없습니다. 현대적인 징벌 기관을 폐

지해야 할 필요성을 주장하는 견해를 밝힌 적도 없지요. 그러나 그의 모든 철학, 어쨌든 《감시와 처벌》을 중심으로 1970년대 그가 전개한 철학은 감옥과 감옥의 전제가 되는 이데올로기에 대해 제기한 근본적인 문제와 정확한 의미에서의 감옥 체계에 대한 거부를 근간으로 합니다. 이와 관련해 푸코가 감옥을 "죽음의 제도"라고 불렀다는 사실까지 굳이 상기할 필요는 없을 것입니다. 그는 "감옥은 죽음의 대안이 아니다"라고 힘주어 강조했습니다. "감옥은 그 자체로 죽음을 지니고 있다. 법을 적용해야 하는, 하지만 사실상 법의 적용을 중단시키는 감옥 전체를 하나의 붉은 실(괴테의 소설 《친화력Die Wahlver-wandtschaften》에 등장한 표현. 붉은 실은 왕실 함대의 모든 부분을 잇는 밧줄로, 한눈에 이 배가 왕실의 것임을 알 수 있게 하는 단서가 된다-옮긴이)이 관통하고 있다. 일단 감옥의 문을 넘어 들어가면 그곳에는 독단, 협박, 공갈, 주먹과 발길질이 횡행한다. [...] 감옥에서 중요한 것은 삶이나 죽음이지 '개심'이 아니다."

그래서 이러한 사실이나 푸코의 철학을 상기시키는 문구를 이해하고 나면 푸코가 왜 노골적으로 그리고 끈질기게 폐지라는 단어를 사용하지 않았는지, 아니면 그보다는 왜 그가 감옥 폐지론자를 지지했음에도, 특히 수감자와 가족의 목소리를 전하고 수감자가 매일 겪는 비인간적인 수감 조건을 비판하기 위해 '감옥 정보 그룹'을 창설했음에도 불구하고 왜 감옥 폐지 운동에 동참하지 않았는지를 물어보는 편이 더 의미 있을지도 모릅니다.

그 질문에 대한 첫 번째 힌트는 현재 감옥 폐지론자 혹은 반反감옥파가 감옥의 형태를 다른 징벌 형태로, 이데올로기를 다른 이데올로기로 대체해야 할 필요성과 권력으로부터 멀어져야 하는데 가까워질 수밖에 없는 상황으로 인해 궁지에 몰렸다는 점에서 찾을 수 있으리라 생각합니다. 사실 감옥 폐지론은 징벌 제도의 조정 혹은 부분적 재정비라는 관점에서 접근하게 될 위험이 있고, 그 결과 수감의 대체형을 제안하고자 하는 의지로는 사실상 새로운 것을 전혀 제안하지도 못할 뿐만 아니라 이미 존재하는 시스템만 되풀이하게 될 수도 있다는 문제가 있습니다. 한마디로 감옥 폐지론은 깊이 있는 분석과 일부 급진적인 입장에도 불구하고 단순한 감옥 개량주의적 관점, 현장의 권력에 동조하는 논리, 징역형을 대체하기 위해 이미 만들어진 대체형을 부과하고자 하는 시도로 비칠 수 있습니다.

아시다시피 저는 최근 《감옥의 철폐Abolir la prison》를 비롯해 이 주제에 관한 제 생각을 적나라하게 밝힌 책을 발표했습니다. 《불가피한 형법 개혁L'indispensable réforme pénale》에서는 철학의 이중 기능, 즉 철학의 비판적 기능과 창의적 기능을 적용해보았습니다. 이 책의 1부에서는 비판적 기능을 사용해, 감옥 폐지론자의 대의를 옹호하기 위한 움직임의 타당성과 객관성을 보여주기 위해 논거와 사실을 다시 살펴보고 확장했습니다. 2부에서는 철학의 창의적인 기능에 따라 현존하는 감옥 모델을 대체할 수 있는, 완전히 다른 수형자 관리 모델을 제시하고 이를 검토했습니다.

감옥의 존재를 비판하고 말 그대로 감옥의 제거를 주장하는 이들이 저에게 불만을 표했다는 사실을 말씀드린다면 놀라실지도 모르겠습니다. 그들은 왜 그랬을까요? 어쩌면 제가 대체형을 제안하는 행위 자체가 그 제안의 내용과 상관없이 자신들이 처한 곤란한 상황을 보여준다고 느꼈기 때문일 것입니다. 제가 한 제안이 그들의 눈에는 권력층의 영향, 결정권자의 행동, 이데올로기적 행동, 그 래서 급진적이기는커녕 오히려 소심한 제안으로 보일 것 입니다. 그들은 감옥을 완전한 백지 상태로 되돌리고 완 벽하게 새로운 제도를 고안하기 위해 애쓰며 감옥을 근 본적으로 부정하기 때문에 제가 내놓은 제안이 일관된 목표 대상도 없다고 생각할 것입니다.

완전히 새로운 처벌 방식을 재수립하려는 의지, 온전한 백지 상태로 돌아간 미래를 꿈꾸는 바람에 대해 푸코는 자신만의 방식으로 "우리 사회 속 처벌 대상의 경제 전체 를 다시 생각해보아야만 하는" 이유가 있다고 주장했습 니다. 그리고 이 주장은 그가 보낸 일종의 혁명적 전복의 신호라는 데 동의해야 할 것입니다. 왜냐하면 그러한 관 점에서 볼 때 철폐되어야 하는 것은 그저 감옥에 국한되 지 않고 처벌 대상의 경제, 다시 말해 형법 체계, 기존 법, 양형 체계가 뒷받침하는 사회적 불평등이기 때문입니다. 다시 말해, 푸코가 처음부터 직접적으로 감옥 폐지론자 의 주장을 뒤따르지 않았던 것은, 그에게는 오히려 폐지 론자들이 함정에 빠지거나 권력에 회유될지도 모른다는 두려움으로 인해 너무 소심하거나 무른 입장을 취하는 것으로 비쳤기 때문일지도 모릅니다.

푸코가 공식적으로 감옥 폐지론자로서 이름을 올리지 않았던 이유에 대한 다른 추측도 있습니다. 그의 행동과 투쟁을 근거로 들 수 있겠지요. 푸코는 장폴 사르트르Jean-Paul Sartre의 뒤를 이어 실천의 중요성, 다시 말해 실제 세계의 중심에서, 다른 사람들 사이에서 항의를 실천하는 것이 중요하다고 생각했습니다.

앞으로 다가올 변화의 미래를 구체적으로 볼 수 있을지에 대해 푸코는 대학이나 콜레주 드 프랑스에서 이데올로기나 유토피아를 만들고 이렇게 실효성도, 신빙성도 없는 생각을 가르치는 데 만족하기보다는 주요 실존주의 철학자들처럼 이따금 길거리에서, 공장에서, 대학에서, 법원에서 시위와 투쟁을 벌이는 것을 선호했습니다. 왜냐하면 푸코는 실제 세계에서 일어나는 자발적인 집결이나 봉기를 계기로 민중운동과 연대가 이루어지면서 전에 없던 관점이나 완전히 새로운 것이 훗날 등장할 수 있고, 지금까지 한 번도 주어진 적 없지만 앞으로 건설해나갈 미래의 윤곽을 그릴 수도 있다고 생각했기 때문입니다. 그리고 결국에는 이렇게 새로이 탄생하는 사상이 개개인이나 모두가 곧장 이해할 수 있을 만큼 명확하게 정의되지는 않더라도 실질적으로 적용할 수 있는 틀이 만들어질 수 있다는 사실을 잘 알고 있었기 때문입니다. 이와 마찬가지로 푸코는 이데올로기 체제와 이로부터 유래된 제도를 전복하려는 운동은 다른 이데올로기를 내세우며 이루어질 때보다 사회적 투쟁과 대중의 행동으로 표현될 때 성공할 가능성이 더 크다고 믿었습니다.

그러니까 결과적으로 푸코는 사르트르와 그의 실존주의 철학에 뜻을 함께했던 것으로 보입니다. 이러한 점에서, 사르트르와 정신의학자 프랑코 바살리아Franco Basaglia가 반反정신의학 사조의 구체적인 적용과 정신병원의 해체 문제에 대해 주고받은 그 유명한 담화 중 사르트르의 발언 일부를 소개하고자 합니다. "우리가 이러한 시설[정신병원, 감옥]에 대한 부정을 대중들 사이에서 스스로 생겨난 것으로만 여기고, 그저 이 부정을 연구하고 이를 강화하는 데 그친다면 유토피아로 나아갈 필요가 없을 것이다. 우리는 다음에 무슨 일이 일어날지 인식하지 않은 채 실용 학문을 공격하고 제도를 공격한다. 우리가 원하는 것은 우리에게 주어지지 않을 뿐이며 우리가 원하는 것은 절대 우리에게 주어지는 것이 될 수 없다. 이보다 더 나을 수 있었으리라. […] 내 생각에는 무엇인가에 다다르는 길은 따로 있다." 그리고 사르트르는 이렇게 덧붙였습니다. "바로 실천 속에서 우리는 아주 가까운 시일 내에 새로운 이데올로기적 조짐이 될 수 있는 요소를 찾아낼 수 있다."

[Q] 감옥의 대안은 무엇입니까? 푸코의 1976년 강연에서 인간적인 구금(모범적인 감옥)과 공동체 내에서 받는 형벌 형태가 제시되었는데요. 다른 대안은 없습니까?

[A] 감옥은 18세기 말에 전례 없이 등장해 19세기 초까지 발달한 처벌 방식입니다. 감옥을 제대로 이해하려면 자유경제의 급성장과 노동을 통한 개인의 교정 방식에 관한 푸코의 사상을 자세히 들여다보아야 한다고 생각합니다.

그의 연구에 따르면 감옥의 기초 사상은 특히 노동을 통한 사회 복귀와 범죄 예방의 의지를 바탕으로 합니다. 우리는 사실 푸코의 사유 속에서 노동의 가치를 재평가했습니다. 자유주의에서 노동은 창작 능력, 기업가 정신, 직업 활동을 기반으로 삼아 자아를 실현할 수 있다는 희망을 낳고 키웁니다. 그뿐만 아니라 좀 더 정확히 말하자면 주체의 이동·활동·주변 환경을 개선하고, 완수해야 하는 일정량의 업무에 종속시키고 개인의 틀에 맞추어 주체를 안정시키기 위해 장소, 기관, 활동에 주체를 배치합니다. 이것이 바로 자유주의에 의해 이루어진 규율 체계의 비약적 발전과 '사회체의 분할 배치quadrillage des corps'에 관한 푸코의 중심 사상입니다.

그런데 지금의 우리 경제 속에서 더 실용적인 관점에서 볼 때 감옥은 한편으로 직업 활동 또는 직업교육을, 다른 한편으로는 숙식을 제공하므로 출소 후 사회 재편입과 (특히 경범죄자의) 재범 예방을 위한 두 가지 중심축을 구성합니다. 이 두 가지 축, 혹은 두 가지 벡터라 할 수 있는 요소는 대부분 개인의 기본 배경 수준, 직업적·사회적·경제적 계급 수준, 안정과 가치의 원천인 물질적 기반에 해당합니다. 장기 복역자의 경우 모든 것, 또는 거의 모든 것을 다시 배워야 한다고 말해도 과언이 아닙니다. 한 장기 복역자의 일화가 생각납니다. 수년 형을 받았던 그는 출소가 가까워지자 1년 정도 남은 형기를 채우고 나면 혼자서 버스를 탈 수 있을 것이라는 생각에 뿌듯해했지요.

더 폭넓게 이야기하자면 사회학자 어빙 고프먼Erving Goffman이 감금의 "낙인stigma"이라고 부른 것을 떨쳐낼 방법을 장기 수감자들이 다시 배워야 한다는 사실에 주목할 필요가 있습니다. 감옥에 갇혀 어느 정도 시간을 보내고 나면 낙인에서 벗어날 방법을 모릅니다. 수감 기간이 길면 길수록 더욱 그러합니다. 그러므로 성공적인 재통합에 필요한 조건으로 노동과 숙소가 주어진다 하더라도 다양한 면에서 전반적인 지원이 없다면 수감자가 사회에 다시 적응하는 데 이것만으로는 전혀 충분하지 않다고 할 수 있겠습니다.

한편, 수감자에 여러 유형이 있다는 사실에 주의를 기울여야 하는 이유가 분명 있습니다. 징역형을 5년만 치르고 나와도 수감 생활이 미치는 여파가 심한데, 10년이나 20년의 징역형을 받은 수감자는 신체적·정신적으로 엄청나게 크거나 오래 지속되는 영향을 받게 될 것입니다. 그리고 감옥에서의 수감 기간이 그들의 인생, 가족, 친지,

사회생활, 감정, 성생활, 경력 등에 차마 본인도 헤아릴 수 없을 만큼 무한한 영향을 미칠 것이라는 사실은 말할 필요도 없지요.

보통 수감자들이 가족, 친지, 배우자나 연인, 아이들에게서 떨어져 감옥 안으로 버려졌다는 생각, 자신감 상실, 간혹 외부 세계나 사회에 다시 적응해야 한다는 데에서 느끼는 두려움(예를 들면 통화 체계의 변화, 기술 발달의 속도 등)으로 괴로워한다는 사실은 상당히 놀랍습니다. 또한 수감자들은 감옥 생활로 인해 직접적으로 나타나는 육체적 혹은 신체적인 문제를 겪을 수 있습니다. 예를 들면 감옥의 높은 벽 때문에 수평선을 인식하지 못해서 시각 장애를 호소하는 수감자도 있습니다. 많은 수감자가 길거리에서 어떻게 걸어야 하는지를 다시 배워야 하는 어려움을 겪기도 하고 시간이나 공간 감각을 상실하기도 합니다. 특히 장기 수감자는 끊임없이 오늘이 며칠인지 물어봅니다. 그리고 자신이 쓸모없는 사람이라는 생각, 사회적 쓰레기라는 생각, 전과와 '수감자'라는 낙인으로 인해 신용을 잃었다는 생각에 괴로워합니다.

그리고 마지막으로 블라디미르 장켈레비치Vladimir

Jankélévitch가 말한 "미래상futurition과 희망의 의미가 소멸"하는 경험을 하게 될 수도 있습니다. 제가 아는 수감자 중에는 아주 긴 수감 생활이 끝나면 예전에 살던 곳으로 돌아가거나 오랜 시간 동안 보지 못하고 지냈던 가족이나 친지에게 연락하고 차츰차츰 관계를 회복하려는 열망을 지닌 이들도 있었습니다. 제가 장기 수감자에 대해 말할 때 재통합이나 재사회화라는 단어를 선택하는 이유도 바로 이것입니다. 이 단어를 사용하는 것에 논란의 여지가 있을 수도 있습니다. 그렇지만 실존적 여정을 지나오면서 무엇인가 결핍되거나 체계가 없는 삶을 산 사람에게도 당연히 사회조직 안에 남기고 싶은 자신의 이야기나 흔적, 전하고 싶은 삶의 이야기가 있기 때문에 저는 이런 단어를 사용합니다. 한마디로 현실 세계에 애착이 없는 사람도, 공동체 안에서 자신의 자리를 되찾을 권리가 없는 사람도 없습니다.

한편, 우리가 수감자와 구체적으로 내밀한 이야기를 나누다 보면 가치 요소, 특히 사회적 요소가 이들의 삶의 선택에 얼마나 결정적인 영향을 미쳤는지 이해할 수 있게 된다고 덧붙이고 싶습니다. 재통합 또는 재사회화라는 용어는 이들에게도 과거와 뿌리가 있다는 사실을 반영합니다. 그것이 실제로는 매우 불안정하고 이형적異形的일지 모르겠지만 그들이 정말 아무것도 없는 곳에서 출발한 것은 아닙니다(무無에서 출발한다는 생각은 그저 착각에 불과합니다). 이들의 삶 또한 예를 들면 가족이든, 교육으로 얻은 유산이든 어느 한 지점에서 이미 시작한 것이라고 감히 말하고 싶습니다.

철학적인 측면보다 실용적인 측면에서 볼 때 푸코가 감옥에 대해 문제라고 생각한 점은 감옥의 이데올로기뿐만 아니라 감옥의 존재, 그러니까 감옥 자체가 외부로 확산되는 움직임이 이미 진행되고 있다는 것이었습니다. 그가 관찰한 내용은 실제로 푸코의 1976년 몬트리올 강연에서 아주 뚜렷하게 드러납니다. 오늘날 감옥의 외부 확산 과정을 통해, 전통적인 방식으로 구금하지 않는 다른 형태의 감옥이 엄청나게 발달했습니다. 이를테면 감옥이 바깥으로 '폭발'하고 자유로운 삶 속으로 널리 퍼지고 있는 것입니다. 푸코는 보호관찰 처분과 함께 혹은 보호관찰 처분 없이 집행유예 징역형이 양형된 경우를 예로 들며 감옥 밖에서 구금하는 처벌 방식이 탄생했다고 설명했습니다. 이러한 의미에서 집행유예는 버젓이 공개된 장소에 누군가를 가둘 수 있도록, 열린 공간에 감옥을 전파한 셈입니다.

푸코는 자유 사회에서 형벌을 이용해 의무와 금지를 명령하고 적용하는 방식을 보면 '신체를 구속'하는 기법인 징역이라는 형벌 장치가 공공의 공간으로 확산하는 경향을 이해할 수 있다고 생각했습니다. 왜냐하면 사실상 의무와 금지 명령을 위해 구금의 대체안을 적용할 수 있게 되었기 때문입니다. 일반 감옥 밖으로 감시의 기능을 이동시키고 자라나게 하는 수단을 감옥의 '대안' 속에서, 그리고 이 '대안'을 통해 총체적으로 이해해야 합니다. 그렇게 함으로써 열린 사회 속에서 공존하는 감옥의 독특한 성격을 정의할 수 있을 것입니다.

특히 저는 특정한 상황에 포함과 제외라는 단어를 사용하는 습관이 있는데, 처벌 혹은 감시 행위가 이루어지는 장소들 사이의 차이를 더 명확하게 구분하고 특징짓기 위해 개방된 환경 속 처벌에 대해 '포함'이라는 단어를, 구금을 통한 처벌에 대해 '제외'라는 단어를 사용하곤 합니다. 사실 이러한 용어를 사용하는 것이 유용한 측면이 있습니다. 그래서 저는 감옥의 탈격적(사회에서 개인을 제거한다는 의미─옮긴이)이고 절단적(사회에서 개인을 분리한다는 의미─옮긴이)인 성격, 반감옥주의 사회 속에서 일어나는 유배 행위, 고립화의 결과를 표현하기 위해 '제외'를 사용하고, 전자 감시 처벌을 엄청난 변화로 여기는 공동체 내에서 이루어지는 전반적인 시민 감시나 개인에 대한 통제를 표현하는 데 '포함'을 사용합니다. 이런 맥락에서 '사회에 포함되어 이루어지는 처벌'은 개인이 철저한 자기처벌에 동의하고 심지어 참여하게끔 하므로 자기희생적인 처벌 방식보다는 덜 탈격적입니다. 분명한 점은, 전자 감시는 수형자가 자기 몸에 영구적으로 전자 팔찌를 차고 자신에 대한 감시의 매개체가 되는 데 동의해야 한다는 것입니다. 그러나 '포함'과 '제외'라는 두 개념의 대립은 이론적으로 명확하고 중요하기는 하지만 실무에서 적용할 때는 그 미묘한 차이를 고려해 표현해야 할 것입니다.

사실 다양한 층위에서 '포함'과 '제외'라는 용어를 혼동하는 일이 드물지 않습니다. 수감자가 출소를 두려워할 정도로 자신의 형벌에 적응하고 수감 생활이 수감자 내면에

【 감시받는 집 】

고착화할 수도 있고, 이와 반대로 전자 팔찌 착용자가 사회적 삶이나 가족과의 삶에 영향을 끼칠 만큼 깊은 단절을 겪거나 긴장된 분위기를 겪기도 하니 말입니다. 예를 들면 전자 팔찌 착용자의 가족이나 친구는 착용자를 지속적으로 감시하고, 외출 제한 시간 엄수 의무를 상기시키고, 혹시라도 시간을 지키지 못할 때는 해명을 요구하면서 착용자에 대한 통제의 톱니바퀴가 되어버리니 말입니다.

푸코는 징역의 대체형이 구금을 미루고, 우회시키고, 외부의 생활과 수감 생활을 연결해 혼합된 형벌을 만든다고 생각했습니다. 그 결과 대체형의 유용성은 감옥에 귀속된 온전한 감옥의 기능이 충분히 보장되는지, 그리고 그 기능이 최대한 많은 사람에게 최대한 멀리 확산할 수 있는지에 달려 있다고 생각했습니다. 이 점을 잘 이해하려면 우리 사회의 특히 규율적인 부분을 있는 그대로 바라보는 푸코의 시각을 제대로 파악해야 합니다. 푸코는 우리 사회가 무엇보다도 사상과 행동의 정상화를 꿈꾼다고 보았습니다. 정상화 과정은 개인을 변화시키고, 조절하게 하고, 체념하게 만들기 위해 공동체의 가장 중심에서, 그리고 신체의 가장 가까운 곳에서 일련의 교정·처벌·강제 기법을 적용하고 발전시키는 것을 의미합니다.

만약 수감자가 사회에 빚을 진 상황이라는 의미에서 흔히 우리가 '연체자'라고 부를 수 있는 사람의 모습이라면 그는 정해진 기간만큼(소위 총형기 동안) 사회체 대신 처벌 기관에서 지내야 하므로 자신의 신체를 구속하는 방식으로, 자신의 인격을 주고 화폐화하는 방식으로, 아니면 그보다는 자기 삶의 시간을 제공하는 방식으로, 결과적으로 교정 장치에 자기의 몸을 고정하는 방식으로 빚을 탕감하는 셈입니다. 푸코는 바로 이 점이 전통적인 정상화 시설(감옥, 학교, 군대, 공장 등)의 특징이라고 주장했습니다. 그리고 형벌 시설 밖 개방된 사회에서 수형자가 겪게 되는 일도 이와 다를 바 없을 것입니다.

프랑스에서 "보호관찰자"라고 부르는, 보호관찰을 선고받은 수형자는 수형자 갱생 보호 서비스Service pénitentiaire d'insertion et de probation, SPIP의 관할 아래 놓이며 모든 의무와 금지 사항을 비롯해 자신에 대한 통제를 보장하기 위한 일정량의 조치가 정한 제약 속에서 사회적 채무를 갚아야 할 강제적인 의무를 집니다. 보호관찰자도 마찬가지로 이동하지 않고, 한곳에 고정되어 살고, 공간을 제한하고 범위를 지정한 통제에 종속되고, 의무적으로 보고해야 합니다. 보호관찰 형은 자유로운 삶 속에서 수감 생활을 연장하는 것과 다를 바가 없습니다. 왜냐하면 수형자는 자신의 자유를 제한하는 데, 자유로운 활동 범위를 줄이는 데, 자유롭게 이동하고 사람을 만나고 사생활을 누릴 기본적인 권리를 포기하는 데 동의해야만 하기 때문입니다.

【Q】 1976년부터 사법적 통제를 받는 인구와 수감 인구 모두 증가했습니다. 어쩌면 감옥이 종말을 맞이할 수도 있다는 푸코의 예상은 틀린 것 같지만, 감옥이 '도처에' 확산하고 사회체를 과잉 수감·과잉 통제할 것이라는 그의 발언은 아주 옳았습니다. 어떻게 생각하십니까?

【A】 푸코는 1976년 강연에서 징역의 대체형을 "공동체 내에 질병이나 악성종양이 확산하는 징후와 같다"고 정의했습니다. 즉, "마치 세포벽 너머로 퍼지는 암세포처럼 감옥의 벽 너머로" 퍼진다는 것이었지요. 푸코는 이 모든 것이 위법 행위를 퇴치하고 사회의 무질서를 예방한다는

구실로 소위 안전, 안녕, 통제라는 백신을 확산시키고 처벌을 주입하며 사회 전체를 재판 대상으로 삼거나 사법화하고 있다는 신호라고 생각했습니다.

결국 일반화된 감시 장치가 감옥이라는 오래된 기관을 대신하거나, 오히려 그보다는 감옥에 종속됩니다. 감옥이 사라지는 것은 아니기 때문에 종속이라고 하는 게 맞겠습니다(당신이 옳았네요, 푸코의 강연 이후 오히려 감옥은 더 공고해졌으니까요). 이 일반화된 감시 장치는 한편으로는 사회체 구석구석에 확산하고, 다른 한편으로는 사회를 쇠약하게 만들고, 미래와 타인에 대한 신뢰를 잃게 만들고, 결과적으로 인간관계를 빈곤하게 만듭니다. 이를 고려해 제 연구에서는 이러한 처벌 장치를 특징짓고자 때로는 과잉 감시, 때로는 형벌적 판토피아pantopia(현실 개선형 유토피아-옮긴이)라고 칭했습니다. 이와 관련해 푸코는 자신의 강연에서 '감옥의 초월하는 힘'에 관해 이야기하며 마치 감옥이 점진적으로 자유 사회를 잠식하는 것처럼 자유 사회가 감옥에 종속되는 움직임을 명확하게 강조했습니다.

구금의 대체형이 등장하면서 형법의 진보가 시작되었고

전통적인 감옥 모델을 버렸다고 말할 수 있을까요? 이 질문과 관련해 푸코는 대체형의 시행 속에서 나아진 것도, 나빠진 것도 없다고 생각했습니다. 결과적으로 그는 처벌은 개선되지도 악화하지도 않았고, 다만 기존의 형벌질서를 그대로 반복하거나 현 상태를 유지했을 뿐이며 마치 겉보기에는 달라 보이지만 결국에는 똑같이 감옥의 형태를 연장했을 뿐이라고 생각했습니다. 이 점을 제외하면 감옥의 확대는 감옥 기능의 유연성이나 가소성, 다시 말해 우리 서구 사회의 기술적·인구적·윤리적 변화에 대한 적응력을 의미합니다. 또한 구금의 대체형은 사회학자 지그문트 바우만Zygmunt Bauman이 사회적 관계의 악화와 타인에 대한 거부의 메커니즘을 규정하기 위해 사용한 "유동하는 세계liquid world"라는 표현에서 의미한 '액체성liquidity'을 뜻합니다. 사실 푸코는 대체형을 '항상 같은 주제에 관한 변주'이자 전통적인 감옥의 '반복적인' 형태라고 보았습니다.

[Q]   전자 감시는 징역을 대체하는 방안 중 하나입니다. 정확히 어떤 제도인가요? 왜 반대하시나요?

【A】　미국에서 최초로 시행된 전자 감시 제도는 프랑스에서는 1997년 12월 19일자 법 제97-1159호로 정해졌으며 정확한 명칭은 '전자 감시 처분placement sous surveillance électronique, PSE'입니다. 징벌 기관 밖에서 징역형을 집행할 수 있도록 새로운 방안을 만들고자 했던 입법부의 의지로 탄생한 제도지요.

전자 감시 제도는 수형자가 자신의 거주지, 자기 집이나 가족의 집 또는 징벌 기관 이외의 숙소에서 구금형을 받을 의무를 포함하며, 그에 따라 감옥 밖에서도 구금 상태로 지내야 하는 조치입니다. 오랫동안 전자 감시 제도는 2년 이하의 징역형을 받은 수형자에게 주로 적용되었는데, 재범이 아니거나 총형기 혹은 잔여 형기가 1년인 수형자가 형벌 조정(프랑스에서는 단기 구금형을 선고받거나 형기가 얼마 남지 않은 수형자가 전자 감시나 조건부 석방 등으로 형벌을 조정하는 혜택을 받을 수 있다-옮긴이)을 받는다는 조건으로 전자 감시 처분을 받을 수 있습니다. 따라서 모든 경중輕中 범죄자, 게다가 수형자 중 과반수까지도 전자 감시 처분 대상자에 해당합니다.

프랑스에서는 2020년 3월 24일부터 전자 감시 처분의 범위 수정에 관한 2019년 3월 23일자 법을 시행함에 따라 전자 감시 처분의 명칭이 '전자 감시 재택 구금'으로 변경되었습니다. 수형자가 전자 감시 재택 구금형을 받으려면 복역해야 하는 총형기나 잔여 형기가 1년을 초과하지 않아야 합니다. 지난 몇 년 동안 이 독특한 조치는 눈에 띄게 다각화되었습니다. 전자 감시 재택 구금은 지금까지 형벌 조정의 수단으로 주로 사용되어왔으나, 재판을 받지 않고 이에 따라 아직은 무죄로 추정받을 권리가 있는 피의자에 대해 내려지는 판결 전 조치로 사용되기도 합니다.

전자 감시 제도는 '전자 감시 재택 격리' 형태로 피의자를 감시하며, 필요한 경우 사법적 통제와 연계되기도 합니다. 그리고 안전 구금 조치를 고안하고 발전시킴에 따라 억제력 있는 사법 수단으로 개인의 이동 감시 조치 또한 마련되었습니다. 판결 후 기록registre에 영향을 미치는 '전자 이동 감시'와 판결 전 안전 구금을 위한 '전자 이동 감시 재택 격리'가 바로 그것입니다. 이러한 조치들은 모두 다른 특징을 지니므로 서로 혼동하지 않도록 유의해야 합니다. 학자들은 형벌 적용 분야의 실무에서 동떨어져 있어서 다소 미숙한 부분이 있으므로 특히 더 주의해야 합니다.

각 제도의 특징이 궁금하시겠지만 제가 여기서 지금 모든 전자 감시 제도의 원칙과 실질적인 적용을 상세하게 비교하고 대조하지는 않겠습니다. 다만 전자 감시 제도에는 위험과 이면, 예상치 못한 걸림돌이 있다는 사실은 강조하고 싶습니다. 처벌 목적의 전자 감시 제도는 외출 금지 시간표대로 수형자를 집이나 다른 거주지에 격리하게 만드는 일반적인 고정 장치인데 기본권 준수, 인간의 존엄성 존중, 처벌 구조의 형태, 인간관계, 사회생활 등에 심각한 문제를 일으킨다는 점이 가히 충격적입니다. 거두절미하고, 여기서 전자 감시가 어떠한 결과를 초래하는지 명확히 밝히면 분명 도움이 되리라 생각합니다.

• 열린 공간에 일종의 담장을 도입하고 구금 행위를 자유로운 삶과 공존하게 합니다.

• 기본권과 시민권에 관한 법률 일체가 보장하는 주거의 공간으로서 절대 양보할 수 없는 '집'을 처형의 공간, 일종의 감옥,

고통의 온상으로 만듭니다. 그리고 공공 공간과 사적 공간을, 범죄와 범죄가 아닌 것을 구분하는 익숙한 경계선을 없애며 개인 영역을 감옥의 지점支店으로 만들어버립니다.

- 형벌 조정을 적용한다는 핑계로 특별 권한을 악용해 수형자의 집 안에, 수형자의 몸에, 수형자의 24시간에 처벌 기관을 들이게 하고, 개인의 생활공간 내부와 사생활의 한가운데에서 사생활 보호권을 침해합니다.

- 전자 팔찌 착용자의 판단, 기호, 심리 상태, 통시성(시간의 흐름에 따른 개인의 변화–옮긴이), 기분 등에 영향을 미치며, 필요한 경우에는 매일 잠재적인 스트레스를 유발함으로써 수형자의 정신 상태, 나아가 그들의 직업 활동과 가정생활에도 교활하게 지속적인 영향을 끼칩니다. 연인, 배우자 또는 다른 가족 구성원이 감시에 참여해 수형자가 늦거나 전자 팔찌에 경보가 울릴 때 그에 대한 해명을 수형자에게 요구하면서 언쟁이 오가거나 관계가 단절될 수도 있습니다. 또한 전자 팔찌 착용자는 타인의 시선을 피해 자신이 겪는 현실적인 고통을 삶 내면에 묻어버리고 이를 부정하거나 숨기기도 합니다.

- 단순한 정상화 움직임을 넘어 감시 장치 착용자를 탈개인화,

탈권리화, 무력화하는 결과를 초래합니다.

- 인간적이고 교육적인 지원이 뒷받침되는 의미 있는 처벌 대신 정형적이고, 원리적이고, 기초적이고, 주기적이고, 계산적인 교류를 바탕으로 한 기계적이고 기술적인 방식으로 수형자를 관리합니다.

- 전자 감시는 주체의 객체화, 시간성의 공간화, '섬세의 정신 esprit de finesse'의 기하학화(블레즈 파스칼Blaise Pascal이 말한 섬세의 정신이란 직관을 바탕으로 진리를 파악하는 정감적인 인식 능력이며, 기하학의 정신은 원리를 바탕으로 추리하는 이성적인 정신이다–옮긴이), 존재감의 측정 혹은 정량화, 다시 말해 경험의 프로그램화, 앙리 루이 베르그송Henri Louis Bergson이 의미한 생명 지속의 동질화(베르그송이 말한 지속은 공간과 완전히 섞여 순수한 시간으로 측량할 수 없는 개념인데, 전자 감시 제도는 수형자에게 이동 제한을 둠으로써 시간을 공간화해 측량할 수 있게 만들고 동질화한다는 의미다–옮긴이)를 추구합니다. 자동성이 흐릿해진 시간표를 따르게 하면서 수형자 내면의 생명력을 감소시킵니다. 또한, 질적 존재를 통제하고 감시하는 외부 기관 등과 같은 다른 방법을 동원해 작동하고 기능하며, 반감을 사는 질서·계산·

추적 체계에 종속시킵니다. 컴퓨터의 처리 과정으로 비유해 이야기하자면 기계적인 반복으로 인풋input과 아웃풋output의 가치가 떨어진 삶과 계속되는 단조로운 일상을 자신의 자아와 동일시하게 합니다.

• 구조(시설, 공간)와 상태(감정적·실질적·관계적 측면) 사이의 실질적인 구성 관계를 뒤집으며 감옥의 벽을 재성형합니다. 엄격한 의미의 구금 상태에서 느끼는 감금된 느낌(상태)은 폐쇄된 공간(구조)에 격리된 상황에서 비롯되지만, 개방된 공간에서 전자 감시하에 자택 구금 처분을 받고 일과를 모두 투명하게 밝힐 의무를 지켜야 하는 느낌(즉 매일 감시받는 느낌, 지속적으로 보고해야 하는 의무감과 이로 인한 심리적 부담)은 자기 내면과 자기 주변(구조)에 다시 생긴 감옥의 벽과도 같습니다.

• 이동 범위에 한계를 정하고 이동 시간을 측정함으로써 전자 팔찌 착용자에게 끊임없는 몸짓, 수형자를 황폐하게 하는 숨 가쁨, 어떠한 영역을 발견하지도 보지도 못하면서 그 영역을 가로지르는 행위 등을 요구합니다. 또한 자신이 있어야 하는 곳과 자신이 있어야 하는 시간에 전혀 존재하지 않는 느낌을 받게 하며, 빈약하고 미약한 속도로 느리게 흘러가는 양식의

일상에 놓이는 자신의 존재를 받아들이게 강요합니다.

- 내부와 외부('집 안의 감옥에 갇혀 있다'고 말하는 것과 '감옥이 집 안에 있다'고 말하는 것은 똑같으므로), 상대적인 공간과 절대적인 공간, 감성론(플라톤이 말한 감각적 인식, 즉 주체의 아이스테시스aisthesis의 어원론적 의미에서)과 존재론(존재의 물질적인 조건과 환경적인 조건의 의미에서) 사이의 근본적인 차이를 완전히 부숴버립니다. "왜냐하면 구조와 상태, 상태와 구조는 이처럼 끊임없이 얽히면서 전자 감시 처분의 안과 밖 사이의 경계를 완전히 없애지는 않지만 이 경계를 희미하게 하거나 흐릿하게 만들기 때문이다. 감옥의 위압적인 구조와 감옥을 둘러싼 공간을 고려할 때, 수감자는 무의미한 습관이나 버릇이 생기거나, 중요하지도 않은 순간이나 사물에 집중하거나, 소리에 몸이 경직되거나, 식사에 집착하게 된다. […] 반대로 연속적인 움직임의 흐름, 스트레스, 시간의 가속화를 고려하면 전자 감시를 받는 이의 집중은 환경 속으로 분산되고, 주변으로 사라지며, 과잉 감시의 그물망 속에서 침전하는 경험이 늘어날수록 더욱 흩어지게 된다. 전자 팔찌 착용자의 존재 조건과 심리 상태는 자신을 관찰하고 자기를 다시 만들어낸 감옥 형태의 공간에서 몇

【 감시받는 집 】

발자국 움직이며 지내는 데 만족하게 되어버린다. 감옥에서는 세상을 '상실'했다는 이유로 공허한 나로 지낼 수밖에 없다. 반면 전자 감시를 받는 동안은 여러 가지 일로 바쁘고 자기 자신을 기만하거나 잊어버려서 자신은 그저 빈약한 세계에 대항할 뿐이라고 생각하게 된다."

• 폐쇄된 공간에서의 전통적인 구금에 열린 공간 고유의 새로운 감옥 형태를 결합하고, 감옥 현실의 영역을 공공의 영역으로 확장시키고, 음산한 형벌의 울타리에 감시의 파장을 결합시킵니다. 감시의 파장은 빛의 속도로 퍼져나가고, 무한한 공간을 가로지르고, 가장 단단한 물체를 관통하는 특징을 지닙니다. 특정한 의도에 따라 외쿠메네Ökumene(지구상에서 인간이 살 수 있는 지역-옮긴이)와 거주지résidence를 공공의 공간으로 만들고, 그래서 "경범죄자 때문에 '만들어진' 감시의 특성과 감시를 위해 '행동하는' 시민의 특징을 점점 더 구분할 수 없게 되고", 결국에는 온 사회를 거의 감금하다시피 하게 됩니다.

【Q】 위법 행위의 차별적 처분은 푸코의 사상에서 중심적인 역할을 하는 주제입니다. 이 주제는 《감시와 처벌》(1975년)과 감옥의 대안에 관한 몬트리올 강연(1976년) 사

이의 연결 고리가 되며, 이를 바탕으로 푸코는 '형벌 국가 État pénal'에 대한 비난을 이어갔습니다. 이 주제에 대해 어떤 이야기를 할 수 있을까요?

【A】 위법 행위에 대한 푸코의 사상에서 중심이 되는 것은 다른 형벌적 관점에서 볼 때 감옥이 앞으로도 계속 유지될지 아니면 사라질지, 그 중요성과 지위를 되찾을지 아니면 밀려날지에 대한 문제입니다. 푸코는 1976년 강연에서 이에 대한 답을 찾기에 앞서 감옥이 처음 생겨났던 대혁명 시기부터 오늘날까지, 심지어 감옥의 출현 이후 처음 몇 년부터 감옥의 실험이 이어지는 내내 계속 제기되었던 급진적인 비난에도 불구하고 형벌의 여왕처럼 지금까지 어떻게 그 자리를 굳건하게 지킬 수 있었는지와 같은 근본적인 문제를 던졌습니다. 이 모순을 어떻게 설명할 수 있을까요? 재범을 방지하지 못하고 공동체를 보호하지 못하는 감옥의 실패와 그 거친 생태계 이면에 유용성이 있기라도 한 것일까요?

여기서 푸코의 가설은 정치 질서와 입법 질서, 미디어 질서가 소통하고 보여준 바와는 정반대로 감옥이 궁극적으

【 감시받는 집 】

로 경범죄 유지를 목표로 하지는 않는지 자문해보아야 한다는 것입니다. 감옥이 형벌 정책의 표현대로 경범죄와 범죄를 억제하고 범죄의 재앙을 막아야 한다는 의무를 지는 척하지만 사실은 경범죄를 장려하고 위법 행위를 확장하고자 하는 것은 아닌지 말입니다.

푸코의 가설은 더없이 불온하고 커다란 파문을 일으킬 만한 것이었습니다. 왜냐하면 그가 형벌 정책을 감옥으로부터 이익을 챙기기 위해 경범죄를 만들어내고 처벌 방식을 늘리는 온상지라고 비난했기 때문입니다. 형벌 정책이 위법 행위를 근절하기 위한 일체의 규칙과 관행이 되기보다는, 그러니까 범죄를 예측하고 억제하기보다는 오히려 권력의 행사, 규범의 발달, 강제력의 내면화를 돕는 이상적인 수단이 되어버렸다고 말입니다. 다르게 말하자면, 푸코는 사실 형벌 정책이 공익을 보호한다는 구실을 대고 지금의 권력 형태를 보전하고 온전히 존속시키기 위해 이용되는 것은 아닌지 자문했던 것입니다.

이러한 논리에 따르면, 형벌로 처벌하는 것은 권력 행사의 결과이며 이는 사실 항상 위법 행위의 근절과 사회적 평화 보장을 추구하는 것이 아니라 누군가의 이익을 위해 다른 누군가를 희생시키는 방식으로 사회를 구성하고 기능하게 하며, 자유를 침해하는 법을 제정해 이를 받아들이게 하고, 범죄에 대한 두려움을 자극해서 개인이 기본권을 행사할 때 그 어느 때보다도 공공의 안전과 공권력을 우선시해서 이를 제약하는 제도에 유리하도록 여론을 모으고, 개인이 스스로 자기를 관찰하고 개인이 전반적인 정상화의 흐름에 발맞추도록 태도를 바꾸는 결과를 초래합니다. 푸코의 주장에서 감옥은 그 어느 때보다도 특히 위법 행위를 양산하는 제도적 공장, 다시 말해 적어도 경범죄를 강화하는 동시에 새로운 사회통제 형태를 만들어내는 현장이자 조건처럼 묘사됩니다.

【Q】 오늘날 형벌 체계의 합리성은 대체형의 다양한 발전을 통해 특징적으로 나타납니다. 형벌 체계의 합리성이 철학자 알랭 브로사Alain Brossat가 주장한[30] 면역적인 이유를 반영한다고 생각해도 될까요?

【A】 우리는 오늘날의 "면역 감수성"과 여기서 기인한 "형벌의 합리성"으로부터 출발해 감옥 제도의 상태, 진

화, 특징, 특정 순간에 대해 생각해볼 수 있습니다. 감옥의 출현이 서양 사회의 의미 있는 진보를 보여주는 신호, 나아가 이에 대한 증거라고 할 수 있을까요? 독일 사회학자 노베르트 엘리아스Nobert Elias가 "문명의 진보", "윤리 의식"의 발달이라고 칭한 사회 안에서 감옥이라는 처벌 방식을 어떻게 이해해야 할까요?

이 질문에 대한 분석적인 실마리를 찾는 데 면역 감수성의 개념을 이용한다면 이해에 큰 도움이 될 것입니다. 그래서 저는 브로사의 저서를 관통하는 면역 감수성이라는 개념을 기꺼이 인용하려 합니다. 그런데 이 개념이 무엇인지 알아야겠지요. 면역 감수성은 우리 시대의 정치적 혹은 윤리적 상황에 대한 동시대적 시선과 민감성, 감수성이 형성되는 과정에서 임의로 나타나는 면역반응을 바탕으로 새로운 단계가 등장하고 발전한 것이라고 이해할 수 있겠습니다. 감옥이 인권을 더 존중하고, 인간의 존엄성을 지키는 데 더 적합하고, 사형이나 과거의 태형을 비롯한 모든 종류의 유혈 처형 방식보다 수형자를 더 인간적으로 대우하는 처벌 방식이라고 여겨서 여론과 정치권에서 감옥에 대해 호의적이고 긍정적인 반응을 보이는 것도 형벌학 혹은 범죄학에 적용되는 면역 감수성이라는 개념 때문입니다.

면역의 원칙에서 볼 때, 감옥이 제도적인 차원에서 발전을 멈추거나 그 세력이 약해질 일은 없어 보입니다. 왜냐하면 감옥은 오늘날 사회 보호와 윤리에 대한 기대와 우려에 더 잘 대응하고 있는 것으로 보이고, 이를테면 많이 배운 이들에게 정치적으로나 사회적으로 '더 세련된 취향의' 제도, 그러니까 한마디로 문명의 진보를 몸소 보여주는 제도처럼 보이기 때문입니다. 이처럼 면역 감수성을 내세우는 데는 다른 이유도 있습니다. 면역 감수성 덕분에 우리가 항상 과거보다, 남보다 더 잘하고 있다는 핑계를 대며 양심을 속일 수 있기 때문입니다. 사형은 폐지되었고, 근대적인 처벌의 권력 경제에서는, 그리고 소통의 측면에서 인권의 인본주의를 바탕으로 발전한 민주주의 사회 속에서는 채찍질 같은 체형(신체를 학대하고 피를 흘리게 하는 형벌)이나 인간의 존엄성을 해치는 형벌은 완전한 퇴보로 여기기 때문이지요.

면역 기제 때문에 우리는 형벌 기관 안에서 실제로 일어나는 일을 조금 더 가까이서 살펴보거나 제대로 된 질문을 스스로 던져보지 못하고, 윤리성을 선동하는 사람들이나 양심적으로 답하기 어려운 문제를 제기하는 이들로부터 흠잡을 데 없이 완벽한 우리의 양심과 평판을 방어하기 위해 애씁니다. 면역 기제는 감옥의 내부 상황을 파악하지 못하게 하고, 우리의 사고를 경직시키고, 그저 정해진 체제를 수용하게 할 뿐만 아니라 나아가 그 체제를 더 공고하게 만든다는 결점이 있습니다.

저는 사람들에게 역사 속 다양한 처벌 장치들 사이에 있을 수 있는 접점을 보여주고, 똑같은 처벌 장치나 비교적 다른 처벌 장치가 처벌 방식에 어떻게 스며드는지에 대한 이해를 도와야 할 때 전자 감시와 감옥, 감옥과 사형의 유사성을 비교하곤 합니다. 우리가 사형의 폐지를 반길 수밖에 없기는 하지만, 감옥이 등장했다고 해서 우리가 덜 윤리적이고 덜 고통스러운 문명을 향한 결정적인 진보를 했다고 확신할 수는 없습니다. 감옥 자체에 죽음의 힘이, 구舊 세계의 반계몽주의가 풍기는 양질의 악취가, 말끔하고 친절하게 보이는 만큼 우리를 더 불안하게 만드는 퇴보 기능이 없다고 해서 감옥을 통한 처벌이 우리의 연약한 눈과 몸에 더 '적합한' 것으로 비치지도 않고,

연약하거나 위선적인 감정의 무대 위에서 덜 잔인한 방법으로 보이지도 않습니다.

이와 관련해 브로사는 인터뷰에서 다음과 같이 말했습니다. "감옥과 동시대를 사는 이들, 감옥을 모든 형벌이 모이는 자연스러운 응축점이자 돌파구라고 생각하는 이들은 우리 사회 속 근대적인 주체들의 면역 조건과 우리가 벗어날 수 없는 소위 '감옥 중심주의' 사이에 형성된 관계를 파악하지 못한다. 이들은 감옥 밖 일반 체제와 감옥이 아주 '당연하게' 일치 혹은 합치한다는 사실은 간과한다. 감수성이 중요한 일반 체제에서는 극심한 폭력적인 형태의 처벌, 신체를 학대하고 유혈이 낭자한 일종의 스펙터클로서 집행된 처벌에 대해 반감이 확산해 있다. 감옥은 이러한 감수성을 거스르지 않기 위한 처벌 공간이자 공개적으로 신체를 학대하지 않는 추방된 공간이다. […] 이렇게 사전에 이루어진 일종의 합치는 우리의 민주주의가 중요하게 여기는 일반적인 면역 조건과 감옥 사이에 은밀하고 음침하게 자리 잡고 있다. 그리고 이것은 우리가 쉼 없이 노력하여 파괴해야 하는 대상이기도 하다." 그리고 그는 이렇게 덧붙였습니다. "감옥이 '돌보는' 것은 수형자의 신체도 아니고 보통의 수형자도 아닌 바로 면역된 대중의 감수성이다. 면역된 감수성 때문에 분명히 '우리 사회'에서는 처벌 제도와 형벌이 분명히 신체를 훼손하거나, 피를 흘리게 하거나(이슬람 극단주의자들의 참수형처럼), 신체를 학대하고 고문하거나(아부 그라이브Abou Ghraib 교도소처럼), 집단 수용소에 가두고 공포에 질리게 하고 탄압하거나(관타나모Guantanamo 수용소부터 중국의 라오가이Laogaï 강제수용소까지) 하는 일은 없다고 말하며 두 발 뻗고 잘 수 있다고 생각한다."

그런데 제가 생각하기에 이 주제에 관한 브로사의 발언 중 가장 결정적인 부분은 그가 'distraction'이라는 단어를 사용했다는 것인데, 그가 뜻한 바는 사전에 쓰인 대로 기분 전환이나 오락이 아니라 어느 정도는 허용되는 부주의한 시선과 언행에 해당합니다. "집단적 거짓말이라는 아주 독특한(그리고 시대적인) 형태를 '부주의함'이라고 칭할 수 있는데, 이를 바탕으로 이러한 합의가 이루어졌다는 사실을 쉽게 확인할 수 있다. 부주의는 '문명인'으로서의 개인적 혹은 집단적 주체를 구성하는 것과 격렬하게 충돌할 수밖에 없는 대상을 인정하지 않아도 될 때 주체를 지배한다. 제2차 세계대전 당시 프랑스 국민이 유대인의 비극 앞에 보였던 집단적인 부주의함은 그저 완전하게 부정적인 힘만이 말 그대로 끝없이, 무한히 존재했다는 사실을 우리에게 알려준다. 그리고 오늘날에도 지중해에서 목숨을 잃는 난민들을 마주하며 같은 경험을 반복하고 있다. 우리는 단연코 우리가 알고 싶지 않은 사실(부주의함)을, 이러한 '비극'이 정책의 결과라는 사실을, 오늘날 유럽 정부들이 펼치는 정책의 결과라는 사실을 잘 알고 있다. 우리가 위험에 처한 사람을 돕지 않는 것은 경범죄(어쩌면 범죄일지도)에 해당하지만, 이 경우에는 지배층이 대규모로 행한 행위이기 때문에 집단적 부주의함은 요술 지팡이라도 휘두른 듯 국가적 이익을 위한다는 정치적 조심성으로 탈바꿈한다."

부주의함이 초래하는 결과가 감옥과 무슨 관계가 있는지 에 대한 브로사의 말을 살펴보며 이 주제에 관한 이야기를 마무리 지으려 합니다. "오늘날 우리가 감옥과 맺는 관계에서도 정확히 똑같은 현상이 나타난다. 면역 민주주의의 어떠한 주체라도 끊임없이 부주의한 체제에만 속한다면 체제의 '가치'를 영속적으로 보존할 방법, 그리고 좀 덜 거창하게 말하자면 감옥에 기대하는 '문명화'된 삶의 표준이 무엇인지 찾을 수 있다. 부주의한 체제는 구금이 신체적으로 고통을 가한다는 사실을, 더 긴 시간 동안 수형자를 파괴한다는 사실을 알고 있다. 그리고 무기수들이 계속해서 감옥에서 썩어가기보다는 '인도적' 차원의 죽음을 원한다는 사실도 어렴풋하게나마 알고 있다. 프랑스 감옥에서는(전 세계적으로도 대략 비슷할 것이다) 폭력, 성폭행, 갈취 등이 자행된다는 사실을 알고 있다. 그중 많은 감옥에서 수형자들이 쥐, 바퀴벌레와 함께 생활하고 겨울에는 추위에 덜덜 떨고 여름에는 더위에 고통받는다는 사실을 알고 있다. 면회 온 연인이나 배우자와 최악의 조건에서 사랑을 나눌 수밖에 없다는 사실을 알고 있다. 부주의한 체제는 모든 것을 알고 있으며, 감옥의 땅바닥에 피가 흐르지 않고, 고문이 일상적으로 이루어지지 않고, 단두대가 감옥의 중정에서 사라진 지금으로서는 감옥의 사회적 의미가 자동차 산업에 영향을 미치는 요소 정도일 뿐이다. 누가 신경이나 쓰겠는가."

【Q】 StopCovid(프랑스 코로나19 확진자 추적 어플리케이션-옮긴이) 사용 법안[31]에 대해서는 어떻게 생각하십니까?

【A】 코로나19의 확산과 우리 사회의 지배층이 코로나의 확산을 관리하는 방식으로 인해 발생한 문제는 위치 추적이나 GPS 같은 유형의 장치가 널리 사용되는 지금 상황을 받아들이고 적용하기 위한 최적의 조건이 형성되고 있다는 점입니다. 이와 관련하여 질 들뢰즈Gilles Deleuze와 푸코는 일반화된 감시의 눈에 띄는 특징으로 우리 사회에 아무렇지 않게 자리 잡기 쉽고 공동체 구성원 중 대다수가 능동적이든 수동적이든 감시의 대중적 의무에 참여하게 된다는 점을 꼽았습니다. 다시 말해, 강화된 전반적인 통제 메커니즘을 이용해 사람들의 일상을 점령하기 위한 최선의 방식은 그들의 동의를 얻는 데 있기보다는 적극적인 참여를 유도하는 데 있다고 할 수 있습니다. 그리고 이를 위해 '죽음에 대한 공포'를 이용하는 것은 아주 효과적인 권력 전략이라는 점이 드러났습니다.

아시다시피 근대 정치의 아버지 중 한 명인 니콜로 마키

아벨리Niccolò Machiavelli는 인간을 통치하고, 조작하고, 제압하는 능력에서 열정이 어떤 역할과 지위를 차지하는지 잘 설명했습니다. 이러한 관점에서 볼 때 죽음의 공포는 푸코가 설명한 대로 당나귀보다 고집도 더 세고 반항심도 강하다는 피조물을 주저하게 하고, 모든 욕망을 누르고, 가장 거센 반대 세력의 한뜻으로 모으는 만큼 분명히 중요한 지위를 차지한다고 할 수 있습니다(에티엔 드 라 보에티Étienne de La Boétie, 미셸 드 몽테뉴Michel de Montaigne, 토머스 홉스Thomas Hobbes뿐만 아니라 푸코도 이렇게 생각했습니다). 이와 관련해 마키아벨리의 ≪군주론Il Principe≫에는 효과적인 통치 기법과 군주들을 실제로 관찰한 결과를 분석해 원색적으로 표현한 문단이 있습니다. 홉스는 ≪리바이어던The Leviathan≫에서 죽음의 공포와 편안함에 대한 취향은 인간이 어떠한 대가를 치르더라도 가장 잘 복종하게 되는 기본적인 감정이라고 설명했습니다.

위기라고 하는 이 상황에 맞서 물론 조심해야 하기는 합니다(우리가 지켜야 하는 오래된 조심성의 원칙을 따라서 말이지요). 하지만 우리가 철학서를 통해 만난 '위대한' 철학가들은 그들의 경험과 지혜를 통해 아무리 지긋지긋하고 끔찍한 불행이 닥치더라도 끝없이 의심하는 비판적인 사고방식을 유지하는 것이 중요하다는 생각을 절대 잃지 않았습니다.

코로나19 유행으로 인한 지금의 대위기는 특수한 경우인데, 정치 당국과 언론 당국은 손발이 맞지 않는 모습을 종종 보입니다. 여러분은 당국이 이 사태를 다루는 방식에 대해 어떻게 생각하시나요? 코로나19 사태의 경제적 함의(혹은 이목을 끌기 위해 전면에 내세운 것)를 넘어 정치적·사회적으로도 결정적인, 심지어는 결단적인 영향을 미쳤는지 생각해볼 필요가 있지 않을까요? 공동체가 미리 위기를 인식하고 대응하기에는 너무 늦어버리게 될 어느 시점에는 이미 코로나19의 여파로 인해 과잉 감시 기술이 강화되고, 긴급 사태라는 신성불가침의 원칙(모두가 이를 유익하다고 받아들일 테니까요)을 구실로 자유를 침해하는 새로운 조치가 마련되고, 노동권이 새로이 타격을 받게 될 수도 있다는 가능성을 생각해보아야 하지 않을까요? 왜냐하면 건강을 위해 숨어 지내야 하는 감옥 같은 생활이 끝나고 나면 구름이 금방 하늘을 뒤덮고 멀리서 번쩍이는 섬광이 폭풍우를 예고할지도 모르니 말입니다. 제 오래된 지인은 '봉쇄령'이 해제된 후 이러다 가 '모두의 삶도 봉쇄'될 수 있겠다고 농담을 하더군요(봉 쇄된 상태를 뜻하는 프랑스어 단어 confiné를 '함께'를 뜻 하는 접두사 con, '끝'을 의미하는 단어 fin, 수동태의 문법 적 표현인 'é'로 쪼개서 '모두 끝장나게 되었다' 정도의 뜻 인 con-finé라고 말장난을 했다-옮긴이).

프랑스에서 돌봄 인력들이 퇴직 연금 개혁에 반대하는 시위를 한 적이 있는데, 당시에는 그들을 공격하고 무력 으로 진압했으면서 지금은 그들을 찬양하며 과거의 폭력 을 감춥니다. 여기서 핵심은 시기와 필요에 따라, 권력과 떼어놓을 수 없는 메커니즘에 따라 권력이 어디에 관심 을 두느냐에 있습니다. 이러한 관점에서 볼 때 홉스의 사 유는 시대를 앞섰으며 위에 언급한 것처럼 청산유수(지 혜에서 비롯된)와 감언이설(선의에서 비롯된)은 신뢰와 복종을 얻기 위한 오래된 통치 기술이라는 점을 보여줍 니다.

그리고 이제 어떤 일이 펼쳐질지, 혹은 우리를 기다리고 있을지 생각해보아야 합니다. 그래요, 우리는 함정에 빠

지지 않게 조심해야 합니다. 인간 정치의 역사에는 우리가 알고 있듯 함정이 곳곳에 도사리고 있으니 말입니다. 그러니까 철학가 들뢰즈가 "통제 사회"라고 부른 것의 변화에 직면해, 그리고 이러한 변화로 인해 제도적·사회적 쇠퇴 현상과 비슷한 양상으로 개인의 자유에 점진적으로 미칠 파괴적인 영향에 직면해 조심스럽고 신중한 태도를 유지해야 합니다. 사회에서 가장 대범한 사람마저도 공포에 떨게 하는 금기, '죽음'이 가까이에 있다는 두려움 때문에 통찰력이 흐려질 위험한 상황에 처했습니다. 이러한 두려움으로부터 우리 자신을 해방시키고 그리스와 로마 철학자들로부터 강력한 가르침을 얻는 것이 어쩌면 지금 우리에게 가장 중요한 일일지도 모릅니다.

홉스의 글 중 제가 가장 좋아하고 마음의 평정심을 찾는 데 도움이 되는 글귀를 소개하며 이 주제에 관한 이야기를 마무리할까 합니다.

"권리, 공평, 법, 정의 등의 원인과 근본적 구조를 모르는 사람은 관습과 선례를 행위의 규범으로 삼게 된다. 그래서 관습적으로 처벌을 받는 행위는 부정한 것으로 여기고, 처벌 대상이 아니고 허용된 선례가 있는 행위는 정당하다고 여긴다. [···] 이들은 부모와 교사에게 받는 교정 외에는 선과 악에 대한 어떠한 법칙도 없는 어린이와 같다. 다만 유일한 차이가 있다면 어린이는 한결같이 그 법칙을 지키지만 성인은 그렇지 않다는 점이다. 왜냐하면 나이가 들면 성격이 강해지고, 완고해지고, 자기 편할 대로 관습 대신 이성에 호소하거나 이성 대신 관습에 호소하며, 이해관계에 따라 필요하다 싶으면 관습에서 멀어지고, 이성이 자기에게 불리하다 싶으면 이성에 맞서 싸우기 때문이다."

"철학적인 측면보다

실용적인 측면에서 볼 때 푸코가 감옥에 대해

문제라고 생각한 점은

감옥의 이데올로기뿐만 아니라

감옥의 존재, 감옥 자체가

외부로 확산되는 움직임이

이미 진행되고 있다는 것이었습니다."

(4)

위법 행위란
무엇인가?

앙토니 아미셸과의 인터뷰[32]
(인터뷰어: 실뱅 라플뢰르)

【Q】 푸코의 사유는 정치학, 커뮤니케이션, 사회복지학,
성과학, 법학, 심리학 등 그의 전공이 아닌 여러 학문 분야
에서 인용되고 있습니다. 범죄학에서 푸코의 사유가 이론
적·이데올로기적·인식론적으로 기여하는 바는 무엇입니까?

【A】 푸코의 사유는 다양한 학문 분야에 여러 측면으
로 기여합니다. 우선 그가 말한 '도구 상자boîte à outils'의
은유를 살펴보지요. 도구 상자는 푸코가 창안한 개념입
니다. 그는 여러 개념이 서로 얽힌 관계를 고민하지 않고

하나의 개념만 선택해 사용하는 것이 위험할 수도 있지만 이에 얽매이지 말고 상자 속에서 하나의 개념을 기꺼이 꺼내 사용하도록 장려했습니다. 또한 이론적으로 학문 분야마다 고유의 방식으로 이해를 돕는 개념을 도구상자에서 얻을 수도 있습니다. 범죄학에서 푸코의 사유는 우리에게 특히 경범죄와 위법 행위의 개념에 대해 질문을 던져볼 계기를 마련해줍니다.

이데올로기적 측면에서 푸코는 몬트리올 대학교 범죄학과 설립자이자 범죄학자인 데니스 자보Denis Szabo가 강조한 것처럼 사유에 관한 관점을 분열시킨다고 여겨지곤 합니다. 비판범죄학criminologie critique 지지자들은 법이 금융이나 정치 엘리트 계층은 두고 평민 계층을 더욱 가둔다고 주장하며 법의 지팡이(사법권을 상징한 손 모양 장식이 달린 지팡이로, 여기서는 공정한 판결을 의미한다-옮긴이)가 다시 돌아오기를 바랄 것입니다. 그런데 푸코는 법이 법의 지팡이를 되찾기보다는 오히려 부러뜨린다고 보았습니다. 이러한 측면에서 볼 때 푸코의 사유는 형법 체계의 철폐를 주장하는 비판범죄학자들의 입장을 뒷받침합니다.

인식론적 측면에서 볼 때 푸코가 범죄와 범죄 통제를 연구한 방식은 범죄학에 영향을 미쳤습니다. 사실 규율은 범죄도 범죄자도 고려하지 않는다는 사실을 알아야 합니다. 그래서 범죄 행위와 범죄를 본질과 실체로 삼고 범죄를 유발하는 행동에 집중한 연구를 많이 찾아볼 수 있습니다. 그런데 푸코는 위법 행위를 유형별로 분류하고, 계층을 나누고, 명칭을 정하는 것이 중요하다고 강조하며 상관적相關的 관점으로 이 문제에 접근했습니다. 그는 같은 움직임 속에서 위법 행위를 한 자의 사회적 지위, 위법 행위의 실천 방식, 위법 행위가 초래한 반응을 이해해야 한다고 주장했습니다.

[Q] 푸코는 우리의 생각과는 달리 모든 유형의 처벌에 반대하지는 않았습니다. 그러나 그는 경찰과 경찰의 결정을 지지하는 판사에게 사법적 처분을 받아야 할 행동과 사람을 결정할 권한이 부여되지 않도록 하려면, 허용될 수 있는 위법 행위와 그렇지 않은 행위를 결정함에 있어 진지한 고민이 충분히 이루어져야 한다고 주장했는데요. 저는 인식론적인 수준에서 푸코가 질서와 그로부터 생겨난 처

벌을 유지하는 것이 불확실하다는 사실을 학자들에게 상
기시키는 데 공헌했다고 생각합니다.

【A】 그렇습니다. 그리고 그는 감옥의 기능과 형법 영
역에서 감옥이 차지하는 중심 역할에 대한 열띤 토론을
장려하기도 했습니다. 《감시와 처벌》에서 보여준 논증
적 반전은 범죄학계에 커다란 표지석이 되었습니다. 안
보부터 처벌에 이르기까지 다양한 주제에서 푸코가 인용
되고 있습니다. 게다가 푸코의 사상에 영향을 받아 통제
장치·법·기술과 이것들이 초래한 결과가 뒤엉킨 현상을
조명한 연구도 이루어지고 있습니다.

【Q】 푸코는 먼저 《감시와 처벌》을 통해 감옥의 탄생과
감옥에 대한 비판을 짚어본 뒤 몬트리올 강연에서 감옥의
쇠퇴라는 문제를 다루었습니다. 그는 감옥의 해체 가능성
을 어느 정도 염두에 두는 한편, 범죄자가 정치적인 목적
으로 이용된다는 사실에 특히 주목했습니다. 이를 위해 그
는 《감시와 처벌》과 몬트리올 강연에서 전략적으로 '위법
행위'라는 개념을 도입해 자신의 주장을 뒷받침했습니다.

그런데 '위법 행위'라는 모호한 용어의 의미를 알지 못하면 개인과 시민 통치에 관해 푸코가 펼친 사유의 정치적인 측면을 이해하기가 쉽지 않다고 생각합니다. 이상하게도 푸코는 이 용어의 정의를 내리지 않았습니다. 그래서 그 의미를 탐구하는 것은 독자의 몫이 되었는데요. 위법 행위는 무엇인가요?

【A】 위법 행위를 정의하기에 앞서, 저는 이 용어가 잘못 알려져 있거나 혹은 잘 알려지지 않은 이유는 대부분 번역 때문이라고 말하고 싶습니다. 《감시와 처벌》의 프랑스어 원서는 위법 행위illégalisme와 범죄délinquance를 구별했고 위법 행위와 불법illégalité을 구별했습니다. 그런데 영문판에서는 위법 행위와 불법을 모두 'illegalities'라는 한 단어로 뭉뚱그려 번역했습니다.

위법 행위의 개념은 실제로 푸코의 사유에서 중심적인 역할을 하고, 많이 적용됩니다. 그렇지만 푸코 철학에 등장하는 많은 개념들처럼 정확하게 정의되지는 않습니다. 푸코는 '재화에 대한 위법 행위'와 '권리에 대한 위법 행위'에 관련된 상황을 정의하는 데만 만족했으며 그 이상의 개넘은 따로 정리하지 않았습니다. 그래서 위법 행위의 개념이 구체적으로 의미하는 바를 명확하게 이해할 수는 없습니다. 푸코의 철학을 해석하는 이들은 위법 행위의 개념이 단순히 '불법'의 동의어가 아니라는 사실을 강조하기 위해 "법과 현실적으로 타협"한 것이라고 묘사했습니다. 어떤 개념을 정의하려면 그 개념이 지닌 모든 양상의 공통점을 찾아낼 줄 알아야 합니다. 예를 들어 사회학자 에밀 뒤르켐Émile Durkheim이 내린 범죄의 사회학적 정의는 어떠한 행위를 저지른 이를 형벌로써 처벌받을 수 있게 만드는 행위에 해당합니다. 그런데 푸코의 위법 행위는 뒤르켐이 정의한 범죄와는 다릅니다. 우리가 위법 행위의 개념에 해당한다고 볼 수 있는 것들의 모든 공통점을 생각해본다면 우리가 기억해야 할 첫 번째 요소는 위법 행위가 법과 특별한 관계를 맺고 있다는 사실입니다. 릴 대학교의 사회학 교수 그레고리 살Grégory Salle은[33] 위법 행위를 놀이에 비유했습니다. 법을 가지고 노는 것은 한편으로는 법을 준수하면서 동시에 법을 비껴가거나, 위반하거나, 우회하거나, 악용하는 행위라고 설명했습니다. 위법 행위의 개념은 법을 가지고 할 수 있는 다양한 놀이와 연관되어 있으며, 따라서 법의 결점을 이용해 법적 규칙을 가지고 노는 능력과도 관련이 있지요.

위법 행위의 개념을 조금 더 구체적으로 정의하려면 우선 법을 가지고 노는 사람들의 사회적 지위를 생각해보아야 합니다. 사실 위법 행위는 평민 계층(농민, 노동자)의 위법 행위와 특권 계층(귀족, 부르주아, 국가)의 위법 행위로 나누어볼 수 있습니다. 다음으로는 위법 행위의 주체가 갖는 사회적 지위를 초월하는 실질적인 행동 양식을 생각해보아야 합니다. 왜냐하면 푸코가 강조한 대로 위법 행위는 재화에 대한 위법 행위와 권리에 대한 위법 행위로 구분되는데, 이는 법을 가지고 노는 행위들 사이에 차이가 존재한다는 의미니까요. 재화에 대한 위법 행위는 거의 서민층의 전유물이라고 할 수 있는 반면, 권리에 대한 위법 행위는 특권 계층에 속하는 개인에 의해 행해집니다. 그러나 오늘날 행동 양식을 보면 각자가 처한 사회적 상황에 의해 주어진 가능성에 따라 달라질 수 있다는 점을 부정할 수 없으며, 권리에 대한 위법 행위가 다양한 사회계층에 속한 사람들에 의해 행해질 수도 있다는 점도 확인할 수 있습니다.

위법 행위의 개념이 흥미로운 이유는 각 사회계층이 정치 체제마다 시대별로 처벌의 경제에 다른 방식으로 통합되는 하나 혹은 둘 이상의 위법 행위를 저지른다는 사실을 강제적으로 깨닫게 해주기 때문입니다.

[Q] 교수님의 논문 "세상에 대한 두 가지 태도, 금융 위법 행위의 시험에 든 범죄학Deux attitudes face au monde, La criminologie à l'épreuve des illégalismes financiers"[34]에서, 평민 계층의 위법 행위는 다양한 시대마다 특징적으로 나타나는 시대적 불안과 경제적 맥락에서 분리할 수 없다고 강조하셨습니다. 목재 절도 사건(독일 라인 지방에서 쓰러지거나 죽은 나무를 주워 땔감으로 쓴 농민들이 처벌을 받았고, 이 사건 이후로 마르크스는 물질적 이해관계에 관심을 두기 시작했다-옮긴이)에 관한 마르크스의 주장을 떠올리면, 우리는 이삭줍기와 같이 과거에는 허용되었던 특정 행위들이 시대가 바뀌면서 범죄(폐산업자재 수거)가 되었고 위법 행위와 처벌의 역사가 계속 변화한다는 사실을 알 수 있습니다. 이러한 변화의 원인은 무엇인가요? 그리고 오늘날 처벌 분야는 어떤 특징이 있나요?

[A]　푸코는 다양한 시대에 걸친 모든 사회를 위법 행위의 보편적 경제에 따라 정의할 수 있다고 생각했습니다. 그는 특정 시대에 어떤 유형의 행동이 법을 위반하는 것으로 보이는지, 통제 기관이 사회계층마다 어떻게 반응하는지를 알아보고자 했습니다. 위법 행위의 보편적 경제를 이해하면 그 시대와 사회의 질서를 이해할 수 있습니다.

우리는 18세기 말 자본주의의 등장과 산업 발달로 인해 당시 사회가 급진적인 변화를 겪었다는 사실에 주목해야 합니다. 자본주의의 발달은 역학 관계를 바꾸었고, 그 결과 위법 행위의 보편적 경제는 다른 유형의 보편적 경제로 바뀌었습니다. 부르주아가 정치적·경제적 권력 계층으로 부상하면서, 앙시앵 레짐하에서는 사회적 동의에 의해 혹은 관례에 따라 용납되던 형태의 위법 행위를 이제는 억제하고자 하는 의지가 커졌습니다. 이러한 변화는 지배 계층이 소유한 부(원자재, 생산수단)가 항구와 공장에서 말 그대로 평민 계층의 손에 들어간다는 사실에 비추어 보면 전혀 이상한 것도 아니었습니다. 그런데 당시 평민 계층에 속한 노동자들은 전처럼 독립적인 수

공업자들이 아니라 급여를 받는 고용 노동자들이었습니다. 따라서 그들은 자신들의 사회적 지위 때문에 상업적 규칙을 가지고 장난질을 할 수도 없었고, 재화에 대해 위법 행위(공장 내 절도, 약탈 행위)를 저지르고자 하는 의지도 사실상 꺾여 있었습니다. 그 시대에 새로 등장한 법과 사법 체계는 무엇을 억제할지 재정의해야 했습니다. 통제 인력들은 지배 계층의 부를 건드리는 행위를 막는 데 집중했기 때문에 노동자의 위법 행위를 처벌 대상으로 정하게 되었습니다.

【Q】 경제적 이윤에 손해를 끼칠 수 있는 행위, 예를 들면 노동자들의 규율 위반(알코올 중독, 노동조합 활동)을 집중적으로 처벌한 시대가 있었다는 점을 상기하면, 평민 계층의 위법 행위가 처벌을 받으려면 상업적·정치적 이익에 반해야(절도, 장물 은닉, 지불 불이행, 시위, 파업) 한다는 생각이 듭니다. 그런데 지금은 경제 기능이나 정치 기능을 방해하지 않는 많은 행위(음주운전, 가정 폭력, 마약 소지)도 처벌의 대상이 됩니다. 그렇다면 이러한 행위가 처벌 대상이 된 이유는 '몰상식함'에 대한 감수성 때문일

까요? 아니면 푸코가 말한 '경찰 사회'가 씌운 굴레의 반증
일까요?

[A]　위법 행위의 개념은 그 어원을 볼 때 법, 법률적 규칙과의 관계, 처분의 법률적 형태와 관련되어 있습니다. 그런데 특정 행위(알코올 중독, 노동자의 나태함)는 법의 하위 차원에서 다룬다는 점에 비추어 보면 이 주제에 관한 푸코의 사유 안에도 갈등은 존재합니다. 푸코는 《감시와 처벌》에서 이윤이 나지 않거나 경제적으로 쓸모없는 행동은 비행으로 간주될 뿐 형법 제도에서 제외될 수 있다고 말했습니다. 그러나 이러한 행동은 허용되지 않으며, 특히 규율 권력pouvoir disciplinaire의 기법으로 처리합니다. 사실 부르주아가 갖는 두려움은 공장과 창고에 쌓아둔 물질적 부를 지킬 수 있는 환경을 유지해야 한다는 데에만 집중되어 있지 않습니다. 그들은 노동자의 노동력이 노동자 스스로에 의해 흩어질 수도 있다는 가능성을 특히 우려합니다.

부르주아는 노동자가 규율을 어기는 행동을 하는지 주의 깊게 지켜보며 알코올 중독, 나태함 또는 지각 등 생산성

을 저해하고 나아가 이윤을 감소시킬 수 있는 노동자의 비윤리성이 드러날 가능성을 최대한 막으려 합니다. 특히 더 직접적으로 정치권에서는 경제적·사회정치적 균형을 깨뜨릴 만큼 혁명적인 폭동을 새로이 초래할 수 있는 모든 종류의 반란을 피해야 한다는 우려를 표하며 예의 주시하고 있습니다.

【Q】 오늘날 세계화된 생산 공간에서는 감시와 처벌 관행을 늘리는 것이 재화에 대한 위법 행위를 다루는 데 항상 효과적인 방법이라고 여겨지기도 합니다. 그렇다면 포스트 산업화 사회(중화학 공업에서 서비스나 정보 산업으로 중심이 옮겨 가는 사회—옮긴이)에서 처벌 대상이 되는 활동에는 무엇이 있으며, 어떤 처벌이 내려집니까?

【A】 푸코가 말하는 위법 행위는 세 가지로 분류할 수 있습니다. 첫째는 사회계층 소속에 따른 분류입니다. 권리에 대한 위법 행위는 상류층에만 국한되며, 재화에 대한 위법 행위는 서민의 것입니다. 둘째로 처벌 유형에 따른 분류입니다. 형법으로만 다루는 행위가 있고, 다양한

절차(형법, 민법, 행정법)를 통해 다루는 행위가 있습니다. 마지막으로 위법 행위를 처벌하는 기관과 처벌 절차에 따른 분류입니다. 재화에 대한 위법 행위는 경찰에 적발되어 재판으로 넘겨지며 구금형을 통해 처벌받습니다. 그에 반해 권리에 대한 위법 행위는 특수 기관에서 다루며 형사 처벌을 받는 경우가 훨씬 드뭅니다. 그런데 푸코가 《감시와 처벌》과 《감옥의 대안》에서 사용한 위법 행위의 개념을 이분법적으로 나누면서 위법 행위의 분류 방식도 근본적으로 바뀌었습니다.

사실 앞서 위법 행위를 구분한 것 중 세 번째 사항은 오늘날 현실에서도 똑같이 적용되는 반면, 권리에 대한 위법 행위 자체는 민주적으로 변모했습니다. 다시 말해 금융 위법 행위에서 볼 수 있듯이 모든 사회계층의 사람들이 이제 권리에 대한 위법 행위를 저지를 수 있게 되었기 때문에 이제 이 행위는 더 이상 특권 계층의 전유물이 아닙니다. 사실 현재 캐나다 국민과 퀘벡 시민 모두 사회 연금은 받으면서도 세금은 안 내니, 세금과 관련한 위법 행위를 저지른다고 볼 수도 있겠습니다. 그렇지만 이 현상이 서민과 중산층의 세금 관련 위법 행위가 특권층의 그

【 위법 행위란 무엇인가? 】

것과 같다는 의미는 아닙니다. 그리고 서민과 특권층의 위법 행위를 처벌하는 방식에 존재했던 차이가 사라졌다는 뜻도 아닙니다.

【Q】 그렇다면 세금과 관련된 위법 행위를 어떻게 해석해야 할까요? 비즈니스 관련 위법 행위는 그 정의에 따라 너그러운 재정 정책에 의해 보호받으므로 위법성이 있는 행위로 분류하기는 힘들지 않을까요?

【A】 세금 관련 위법 행위는 세법을 가지고 도박을 하는 행위입니다. 그런데 위법 행위와 탈세는 확실히 구별해야 합니다. 탈세는 완전한 범죄지만 세금 관련 위법 행위는 법문과 법의 정신을 지키며 장려 정책(기부, 구호, 인도적 활동에 대한 세액공제)을 이용해 세금을 최적화하는 전략이기 때문입니다. 세금 관련 위법 행위와 탈세 사이에는 조세 회피 행위가 있습니다. 조세 회피는 법문을 준수하며 법을 지키는 쪽에 머무르는 동시에 법의 정신을 어기며 법의 허점을 찾아 수익에 대한 세금을 공제받게 해주는 세무사를 통해 법적으로 인정되는 세액을

절취하는 행위에 해당합니다.

위법 행위의 개념은 조세 부담을 회피하기 위한 모든 행위가 불법도 되고 합법도 될 가능성에 대해 생각할 계기를 줍니다. 그래서 "탈세와 절세 사이에는 감옥의 벽이 있다"라는 말에 대해 의견을 나누고 그 사이에 실제로 존재하는 '미묘한 차이'에 대해 생각해볼 필요가 있겠습니다.

이 주제에 관해 푸코가 펼친 주장은 서민의 위법 행위에 대해서는 과잉 통제를 하고 부르주아의 위법 행위는 보호한다는 것이 아니라, 위법 행위를 사회계층에 따라 차별적으로 처리한다는 것입니다. 법적 장치와 규범 체계를 근간으로 여러 위법 행위를 다르게 처리한다는 주장이었지요. 위법 행위가 전형적인 위법 행위와 특수한 위법 행위, 다시 말해 단일 규범 체계로만 처벌할 수 있는 유형의 위법 행위와 그렇지 않은 위법 행위로 구분된다는 사실을 명확히 할 필요가 있습니다. 예를 들어 마트에서의 절도는 형사 처벌의 대상입니다. 이와는 다르게 형법 외 별도의 규범 체계로 처벌하는 위법 행위가 있습니다. 탈세는 징역형으로 처벌받을 수도 있지만 행정 처벌을 받을 수도 있습니다. 따라서 세금 관련 위법 행위를 저지르는 이들이나 개인 데이터를 불법적으로 사고파는 애플·페이스북 같은 대기업 입장에서는 우선 적발을 피하는 것이 가장 중요하고, 혹시 적발되더라도 가장 처벌이 엄한 규범 체계로 처벌받는 상황을 피하는 것이 관건입니다. 민사 처벌, 행정 처분, 벌금, 고액의 특별 거래 의무(세금 납부)는 형사 처벌과는 다른 결과로 이어지기 때문입니다.

【Q】 이 경우 처벌 수위가 위법 행위의 수위에 미치지 못하는군요.

【A】 물론이지요. 몇 년 전 HSBC은행이 멕시코의 마약 거래에서 흘러나온 자금을 세탁해 불법 자금에 관한 법률 위반으로 미국에서 수십억 달러의 벌금형을 받았습니다. 자금 세탁 방지법을 어겼을 뿐만 아니라 HSBC의 지점 중 한 곳을 통해 불법 행위에 가담했다는 이유로 기소되었고, 재판에서 사상 최대 금액의 벌금형을 받아서 이 사건을 지켜보던 이들을 놀라게 했습니다. 그러나 찬찬히 들여다보면 이 벌금형은 금융 시장을 취약하게 만들

위험이 있다는 핑계를 대고 최고경영자나 은행 자체에 대한 기소를 면해주는 대가로 취한 조치라는 사실을 알 수 있습니다. 이러한 'Too big to fail(대마불사大馬不死, 즉 대기업이 파산하면 그 부작용이 너무 커서 경제가 큰 위기에 빠질 수 있으니 특혜를 주어 살렸다는 뜻이다-옮긴이)', 나아가 'Too big to jail(위와 같은 논리로 대기업 총수를 감옥에 보낼 수 없다는 뜻이다-옮긴이)'의 논리 속에서 경영자들에게는 책임을 묻지 않은 채로 처벌이 이루어진다는 사실을 알 수 있습니다.

[Q] 장폴 브로되르[35] 교수는 '고등 경찰(국가와 사회의 이익을 보호하는 정치 경찰을 뜻한다-옮긴이)'과 '보통경찰'의 개념을 소개하고 이와 더불어 임무와 인력의 수에 따라 경찰 집단을 구분할 수 있다고 설명했습니다. 대형 범죄와의 전쟁에서는 성공을 거두기가 어렵기 때문에 당국은 예를 들면 경범죄를 엄중하게 처벌하는 등 시민의 필요에 즉각적으로 대응할 수 있는 경찰 집단에 더 많이 투자하게 된다는 이야기도 덧붙였습니다. 이러한 관점에서 볼 때, 위법 행위의 차별적 처벌이 경찰의 작전 능력과 관

계가 있다고 볼 수 있을까요? 그리고 비즈니스 범죄(화이트칼라 범죄)를 처벌하지 않는 것은 대응 능력이 부족하기 때문은 아닐까요?

【A】 그렇다고 할 수도 있고 아니라고 할 수도 있습니다. 보통경찰은 소위 '일상적인' 범죄를 다스리기 위한 경찰입니다. 고등 경찰은 국가 안보를 해칠 수 있고 사회 질서와 국가를 불안정하게 만들 수 있는 모든 위험을 예방하고 이로부터 국가와 사회를 보호하는 임무를 맡습니다. 브로되르 교수는 비즈니스 범죄가 테러처럼 국가의 기능을 위험에 빠뜨릴 수 있고, 따라서 '일상적인' 것과는 거리가 멀다고 강조했습니다. 고등 경찰과 보통경찰을 구분하는 이유는 그 유형에 따라 임무의 종류·임무 수행 방식·규정 체계·관리 대상이 다르다는 점을 분명하게 보여주기 위해서지, 고등 경찰에 차별적으로 자원을 할당한다는 점을 강조하기 위해서가 아닙니다.

【Q】 브로되르 교수는 특정 형태의 범죄에는 효과적으로 개입하기가 어렵고, 이러한 어려움으로 인해 경찰 인력

배치와 재원 투자에도 영향이 미친다고 밝혔습니다. 제 생각에는 미술품 은닉 사건 조사보다는 시민의 삶에 직접적인 영향을 줄 수 있는 교통 순찰에 더 많은 투자를 하는 편이 적절할 것 같은데요. 위법 행위의 처벌 방식이 기본적으로 비즈니스 범죄에 유리하게 작용되도록 한 실질적인 이유 같은 것이 처벌 체계의 저변에 깔려 있을까요?

【A】 경찰 활동에는 항진적tautological(항상 참이라는 뜻. 항상 참인 논리나 진술을 토톨로지tautology라고 한다-옮긴이)인 측면이 존재합니다. 어떤 위반 행위는 적발하고, 추적하고, 처벌하기 쉽습니다. 그래서 이러한 위반 행위를 통제하는 것이 경찰 활동의 우선순위를 차지하지요.

예를 들어 스위스의 불법 자금을 쫓는 과정을 보면 이러한 사실을 잘 이해할 수 있습니다. 스위스에서는 불법 자금을 적발하고 처벌하기 위해 은행이 수상한 거래를 찾아내고 형사 소송에 도움이 되는 정보를 전문 당국에 제공합니다. 어느 활동에 자원을 얼마나 배치할지를 결정하기 위해 조사관은 자금 세탁에 관한 판례를 조사하고,

【 위법 행위란 무엇인가? 】

이를 통해 가장 중대한 불법 행위가 무엇이었는지 결론을 내립니다. 그리고 판례 조사 결과 자금 세탁 행위 중 50퍼센트 이상이 마약 거래와 관련이 있다는 사실을 알게 됩니다. 저는 박사 과정 중인 동료 한 명과 범죄 신고 데이터베이스에서 일부 데이터를 사용해 연구를 진행할 수 있었는데, 스위스 조사관들의 조사 방식과는 반대로 마약 거래 관련 유죄 판결 비율이 공식적으로 알려진 수상한 거래의 비율과 일치하는지 여부를 살펴보았습니다. 놀랍게도 마약 거래로 유죄 판결을 받은 사건 중 50퍼센트가 신고 건수의 5퍼센트밖에 되지 않았으며, 부정부패의 경우 신고 건수 자체는 마약 관련 신고 건수보다 높았지만 유죄 판결 비율은 0퍼센트에 가까웠다는 사실을 확인할 수 있었습니다. 이러한 격차는 경찰 활동의 항진성에서 비롯된 결과라고 할 수 있습니다. 국제적인 도움 없이 다른 나라에서 부정과 비리로 형성된 비자금을 증명하는 것보다 제네바의 마약상을 쫓는 것이 훨씬 쉽습니다.

비즈니스 범죄에 대응이 어려운 두 번째 이유는 비즈니스 범죄가 경찰의 책임하에 있는 재화에 대한 위법 행위,

즉 일상적인 범죄나 조직 범죄와 거리가 멀다는 사실에서 기인합니다. 경제적 위법 행위와 금융 범죄는 보통 세무서, 자금 세탁 대응청, 관련 전문 부처(캐나다의 반부패청과 환경 및 기후 변화부, 프랑스의 금융시장청) 등 전문 기관이 담당합니다. 비즈니스 범죄 전문 기관은 사건을 감지하고, 수사를 진행하고, 법적 조치를 취할지를 결정합니다. 그런데 이러한 기관들은 각 기관 고유의 논리에 따라 결정을 내리기 때문에 밖에서 보는 사람들은 그 내부 사정을 알 수 없고 정치와 정치권의 눈속임에서 벗어날 수 없습니다. 브로되르 교수가 이처럼 비즈니스 범죄를 통제하기 위한 노력이 사회적으로 분산되어 있고 권리에 대한 위법 행위를 전문 기관이 별도로 처리한다는 점을 언급하지는 않았습니다.

즉, 비즈니스 범죄의 통제에 관한 경험론적 연구를 통해 비즈니스 범죄의 통제 방식이 흔히 생각하는 것보다 덜 '전략적'이라는 사실이 드러났다는 점에 주목할 필요가 있습니다. 프랑스의 사회학자 알렉시 스피르Alexis Spire는 세무조사 담당 공무원들을 대상으로 연구했는데, 그는 세무 공무원들이 복무 신조를 진심으로 지키기 위해 애

【 위법 행위란 무엇인가? 】

썼고 세무조사를 개시할 때는 조사 대상의 사회적 지위에 상관없이 공정하게 조사하고자 했지만, 자신의 다짐과는 다르게 차별 대우를 하게 된다는 흥미로운 사실을 발견했습니다. 이 공무원들이 정치적인 공모에 가담해서 그런 것이 아니라 상황적, 물질적 혹은 구조적 요소로 인해 특정 감시 및 통제 행위를 완수할 수 없었기 때문입니다. 예를 들어 사회보장제도의 지원을 받으며 탈세하는 실업자를 적발하기 위해서는 사실 데이터베이스에서 정보를 비교해 그의 수익을 확인하는 것만으로도 재산세법의 준수 여부를 가리기에 충분합니다. 그러나 데이터베이스에 접근하는 과정부터 매우 까다롭습니다.

【Q】 푸코는 징벌과 경제체제 사이에 연관성이 있다고 주장한 게오르크 루셰Georg Rusche와 오토 키르히하이머Otto Kirchheimer의 저서[36]를 감명 깊게 읽었습니다. 예를 들면 앙시앵 레짐 시대에 공장의 규율에 반하는 개인을 일하게 하기 위해 부랑인을 단속(채무자와 백수를 구금하고 이동을 제한)했던 것처럼 부족한 노동력을 메우기 위해 노역형을 내렸는데, 이러한 처벌 방식은 그들의 가설을 뒷받침

합니다. 오늘날의 형벌 체계에서도 그들의 주장을 다시 적용할 수 있을까요?

【A】 푸코는 형벌의 유형과 경제체제의 유형 사이에 상관관계가 있다고 보았고, 나아가 사회학자 필리프 로베르Philippe Robert[37]의 주장처럼 다양한 정치체제와 국가의 발달 상황이 형벌에 영향을 미친다고 설명했습니다. 근대국가가 태동했던 시기에는 국가의 정당성이 없었기 때문에 복종에 대한 추구가 신체적인 폭력으로 이루어졌습니다. 권위를 확립하고자 하는 주권적 사법 체계과 신체형은 분리할 수 없으니까요. 근대국가가 시민과 영토에 대해 정당성을 더 확립하게 되자 형벌 제도는 바뀌었습니다. 신체형은 처벌을 스펙터클로 삼던 형태가 점차 사라지는 대신 더 지속적인 유형의 처벌 형태로 유지되었습니다.

자유와 노동이 기본권으로 여겨지는 자유주의국가에서 형벌은 자유의 박탈(구금)과 강제 노동의 형식으로 나타납니다. 사회주의국가에서 형벌은 사회 정책(복권復權 계획, 공익을 위한 노동)과 연계됩니다. 따라서 처벌은 단순히 경제체제에만 연관된 것이 아니라 국가와 정부의 유형과도 관련된다는 사실을 기억해야 합니다. 처벌의 변화와 국가의 변화 사이에는 상관관계, 나아가 인과관계가 존재합니다.

【Q】 전자 발찌 착용의 의무가 직업의 의무로 대체된다면 소위 말하는 '대체'형이 경제체제와 연관이 있다고 말할 수 있을 것 같은데요. 루셰와 키르히하이머의 가설은 지금도 유효할까요?

【A】 현시대를 특징짓는 특성에 대해 생각할 때 우리는 모빌리티mobility(사회적 모빌리티와 이동의 모빌리티)의 중심성을 이해해야 합니다. 바우만이 사회계층 간 차별의 중심 요소라고 주장한 '액체 사회'의 개념을 통해 지적한 것처럼 말입니다. 그런데 우리는 '대체'형이 대부분 이동을 금지하고 통행을 통제한다는 점에 주목해야 합니다. 우리가 물류, 자본, 인간의 흐름이 가치 있게 여겨지는 유동적인 사회를 살고 있는 만큼 이러한 유형의 처벌은 경제체제와 연관된다고 생각합니다.

【Q】 푸코는 루세와 키르히하이머의 저서를 읽은 뒤 처벌 유형에 따라 유배 사회, 신체형 사회, 구금 사회, 도덕적 혹은 경제적 보상을 하는 사회 등으로 사회를 분류했습니다. 오늘날의 '헤게모니적' 처벌은 무엇이고, 처벌을 기준으로 한다면 현대 사회를 어떤 사회로 정의할 수 있을까요?

【A】 많은 학자들은 우리 인간이 어떤 존재인지를 이해하기 위해 우리 사회를 다양하게 정의했습니다. 이를테면 울리히 벡Ulrich Beck은 위험 사회, 들뢰즈는 통제 사회, 데이비드 라이언David Lyon과 데이비드 갈랜드David Garland는 감시 사회와 과잉 감시 사회, 리처드 에릭슨Richard Ericson은 의심 사회, 버너드 하코트Bernard Harcourt는 전시展示 사회로 정의했습니다. 우리 사회의 핵심 개념을 구금의 대체형, 안전의 원칙, 흐름의 통제 과정에서 유추해야 한다면, 우리는 위의 학자 중 대부분과 마찬가지로 감시가 우리 사회를 구성하는 공통적인 요소라는 점을 인정해야 할 것입니다. 그래서 저는 디지털 경제의 거대 기업이 수집한 개인 데이터를 바탕으로 상업적인 관점에서 사람들의 행동이 수정되는 현상에 대해 고찰한 쇼샤나

【 위법 행위란 무엇인가? 】

주보프Shoshana Zuboff의 '감시자본주의surveillance capital- ism'라는 개념이 우리 사회를 설명하기에 적합하다고 생 각합니다. 이와 관련해 이런 질문을 던져보아야 한다고 생각합니다. 감시와 자기감시의 증폭이 우리 사회의 성 격을 얼마나 변화시켰을까요?

[Q] 처벌의 유형에 따라 우리 사회를 분류하기보다는 지금까지 제시된 것들을 뒤집고 우리 사회 안에서 허용되 는 위법 행위를 기준으로 삼아 우리 사회의 특징을 새로이 정의할 수 있으리라 생각합니다. 예를 들면 독립 후에는 식민 지배를 절도와 편취라고 지적하고 비난하는 것처럼 말입니다. 이렇게 함으로써 우리는 법의 테두리 안에서 행 해지는 위법 행위나 이론의 여지가 있는 관행에 대해 생각 해볼 수 있을 것입니다. 이러한 관점에서 볼 때 우리는 우 리의 사회를 어떻게 정의할 수 있을까요?

[A] 그렇다면 우선 다음과 같은 질문을 던져보아야 합니다. 우리 사회를 정의할 수 있는, 우리 사회 안에서 처벌받지 않는 위법 행위를 어떻게 구별할 수 있을까요?

피에르 라스쿰Pierre Lascoume이 푸코의 뒤를 이어 위법 행위와 범죄 사이에 존재하는 전략적 대비를 강조하며 지적한 것처럼, 법 조항과 적법성·위법성 사이에 갈등이 존재하는 만큼 이 질문에 대한 답을 찾기란 쉽지 않습니다. 왜냐하면 어떤 행위가 처벌받는 이유는 범죄의 요건을 충족해서가 아니기 때문입니다. 그 행위가 처벌 대상으로 인정을 받으려면 형법적 자질을 갖추어야 하기 때문입니다.

그런데 이러한 형법적 자질이 전혀 정의되지 않는 경우도 많습니다. 앞서 언급한 스위스의 수상한 거래에 대한 조사를 다시 예로 들어 설명하겠습니다. 어둠 속에 숨어 있었던 비즈니스 위법 행위와 세금 관련 위법 행위가 최근 들어 연구, 굵직한 언론 보도, 유출(위키리크스Wikileaks, 스위스리크Swissleaks, 파나마 페이퍼스Panama Papers)을 통해 알려지기 시작했다는 점을 생각하면 우리는 지금 '처벌 면책이 노출된 사회'에 살고 있다고 생각합니다. 지금은 범죄를 저지르는 엘리트층에 대한 데이터도 예외 없이 노출되기 때문이지요. 그러나 스캔들로 인해 드러난 사실들이 형법적 분류를 통해 해석되는 경우는 드뭅니다. 저는 제 동료 장 베라르Jean Bérard와 연구하고 있는 '노출된 처벌 면책'이라는 개념이 위법 행위의 차별적 처분과 감시 활동이라는 우리 현실의 특징적인 두 가지 측면을 상기시키므로 흥미롭다고 생각합니다.

"처벌의 변화와
국가의 변화 사이에는

상관관계, 나아가
인과관계가 존재합니다."

1) Dany Lacombe, "Les liaisons dangereuses: Foucault et la criminolo-
gie", *Criminologie*, vol. 26, n° 1, 1993, 52.

2) Brian Massumi, "National Enterprise Emergency: Steps Toward an
Ecology of Powers", *Theory, Culture & Society*, vol. 26, n° 6, 2009,
153-185.

3) Jean-Paul Brodeur(transcription), "'Alternatives' à la prison: diffu-
sion ou décroissance du contrôle social. Une entrevue avec Michel
Foucault". *Criminologie*, vol. 26, n° 1, 1993, 13-34.

4) Bruce Jackson, *Leurs prisons*, Plon/France loisirs, Paris, 1975, préface
de Michel Foucault.

5) Michel Foucault, *Mal faire, dire vrai. Fonction de l'aveu en justice*, Lou-
vain-la-Neuve, Presses universitaires de Louvain, 2012.

6) 푸코는 동성애자가 경찰 개입(교통법규 위반, 폭력, 체포, 구류, 협
박)의 피해자가 될 때는 억압의 대상이 되지만, 이러한 유형의 억압
은 기소나 처벌로 이어지지 않으므로 사법적이지 않다는 특징이 있
다고 주장했다. 자신의 주장을 설명하기 위해 그는 동성애자 사우나
폐쇄 사건을 예로 들었는데, 경찰은 이 사건에서 보인 불관용에 대해
스스로를 '윤리에 못 박힌 피해자'라고 합리화할 수 있었을 것이다.
동성애자에 대한 경찰의 괴롭힘은 정치 질서, 경찰 질서, 행정질서

에서 사법권을 벗어난 역학 관계가 어떻게 형성되는지를 보여준다. Michel Foucault, "Foucault: non aux compromis"(1982), *Dits et écrits II*, 2001, p. 1155-1156; *Mal faire, dire vrai*, 2012, 251.

7) Michel Foucault, "La stratégie du pourtour", *Dits et écrits II*, Paris, Gallimard, 2001, 794-797.

8) Michel Foucault, *La société punitive*, Paris, Seuil-Gallimard-EHESS, 2013, 148.

9) Anthony Amicelle, "'Deux attitudes face au monde'. La criminologie à l'épreuve des illégalismes financiers", *Cultures et conflits*, n° 94/95/96, 2014, 66.

10) "19세기부터 우리의 정의는 법을 적용하는 것 외에 다른 역할을 맡은 적이 없다. 그리고 정의가 허용한 모든 예외와 정의가 저지른 모든 왜곡을 생각하면 그 역할마저도 온전치 않았다. 법의 혼란은 질서를 지켜야 한다는 원칙에서 비롯된다. […] 질서를 위해 기소를 할지 혹은 기소를 하지 않을지 결정한다. 질서를 위해 경찰이 마음대로 하도록 내버려둔다. 질서를 위해 완벽하게 '바람직'하지 않은 이들을 추방한다." Michel Foucault, "Le citron et le lait"(1978), *Dits et écrits II*, 2001, 697.

11) 푸코는 '사법적-담론적juridico-discursive' 해석을 "법의 힘을 지니고 복종하게 하는 금지 문구로 구성된 것"이라고 정의했다. Michel Foucault, *Histoire de la sexualité I. La volonté de savoir*, Paris, Gallimard, 1976. [국역본: 《성의 역사1: 지식의 의지》, 미셸 푸코, 이규현 옮김, 나남, 2020.]

12) 이 주제에 관해 다음을 참고하라. Ben Golder & Peter Fitzpatrick, *Foucault's Law* (2009).

13) Michel Foucault, *Histoire de la sexualité I. La volonté de savoir*, Paris, Gallimard, 1976, 190.

14) "안전 메커니즘 역시 오래된 메커니즘입니다. 우리가 현대에 전개하고 있는 안전 메커니즘을 예로 들면, 앞서 말한 것과 정반대로 사법적-법률적 구조나 규율 메커니즘을 결코 중단하거나 해체하지 않는다는 점이 너무나도 분명하다고 말할 수 있겠습니다. 그와 반대로 형법 질서, 즉 이 안전 질서 안에서 현재 일어나는 일을 예로 들겠습니다. 안전 메커니즘을 온전히 자리 잡게 돕는 법적 조치, 명령, 규칙, 공문의 총체는 점점 거대해지고 있습니다. 결국 절도에 대한 법은, 중세 시대나 고전 시대의 관습을 살펴보면 당시에는 비교적 단순했습니다. [⋯] 우리가 안전 조치라고 부르는 것에 관한 법률 총체, 법률의 제정 이후 개인에 대한 감시를 다시 살펴보겠습니다. 이 안전 체계를 제대로 작동시키기 위해 사법적-법률적 규칙이 심하게 증가한 현상, 다시 말해 실질적인 입법 인플레이션을 여러분도 확인할 수 있을 것입니다." Michel Foucault, *Sécurité, territoire, population*, Paris, Seuil-Gallimard-EHESS, 2004, 9. [국역본: ≪안전, 영토, 인구≫, 미셸 푸코, 심세광 외 2인 옮김, 난장, 2011.]

15) 푸코는 다음에서 노동자의 노동 수첩 소지 의무화와 복권 (구매) 금지 등 새로 도입된 규칙에 따른 범법 행위를 소개했다. *La société punitive* (2013).

16) "나는 사실 형법이 우리 사회와 같은 사회에서는 사회적 게임의 일부고 그것을 숨기지도 않는다고 생각한다. 다시 말해 이 사회에 속한 개인은 이러저러한 규칙을 어길 시 있는 그대로 처벌받고 고통받을 수 있는 법의 주체로서 자기 자신을 인정해야 한다. 이러한 사

실은 논란의 여지가 없다고 생각한다. 그러나 실제 개인이 자기 자신을 정말 법의 주체로 인정할 수 있게 만드는 일은 사회의 의무다. 그런데 사회에서 적용하는 형벌 제도가 구시대적이고, 모호하고, 사회가 직면한 현실적인 문제에 부적합하다면 이를 실천하기가 어렵다. 경제 범죄 분야를 예로 들어보자. 형벌 제도를 조율하고 받아들일 수 있게 만들기 위해 실질적으로 선행해야 하는 일은 점점 더 많은 약물을 투여하고 정신병원을 늘리는 것이 아니다. 형법 제도 자체를 다시 생각해보아야 한다. 나는 지금 엄격했던 1810년 형법으로 되돌아가자고 말하는 것이 아니다. 우리 같은 사회에서 처벌을 받아야만 하는 사람과 처벌을 받지 않아도 되는 사람을 명확하게 정의할 수 있는 형법을 만들기 위한 진지한 고민이 필요하다고, 사회적 게임 규칙을 정의하는 체계에 대한 고민 그 자체가 필요하다고 말하는 것뿐이다." Michel Foucault, "Qu'appelle-t-on punir?"(1984), *Dits et écrits II*, Paris, Gallimard, 2001, 1464-1465.

17)   Michel Foucault, "Je perçois l'intolérable", *Dits et écrits I*, Paris, Gallimard, 2001, 1071-1073.

18)   "문제는 모범적인 감옥을 만들거나 감옥을 철폐하는 것이 아니다. 현재 우리의 법체계에서 소외는 감옥을 통해 이루어진다. 사회는 그저 다른 수단을 만들어낼 뿐이다. 중요한 것은 현 사회가 시민의 일부를 가장자리로 밀어 넣는 과정에 대한 비판을 제기해야 한다는 것이다." Michel Foucault, "Le grand enfermement"(1972), *Dits et écrits I*, 2001, Paris, Gallimard, 1174.

19)   "감옥은 사회 억압의 도구가 아니다. 중범죄자와 강력 범죄자는 전체 수감자의 5퍼센트밖에 되지 않으며, 나머지는 생존을 위해 가벼운 죄를 지은 빈민층에 해당한다. 다음의 두 가지 수치는 우리에게

생각할 거리를 많이 던진다. 수감자 중 40퍼센트는 아직 판결이 정해지지 않은 피의자고 16퍼센트는 이민자다." Michel Foucault, "Enquête sur les prisons: brisons les barreaux du silence(entretien de C. Angeli avec M. Foucault et P. Vidal-Naquet)"(1971), *Dits et Ecrits I*, 2001, 1047.

20) Jean-Paul Brodeur(transcription), «Alternatives» à la prison, art. cit.

21) Michel Foucault, "Par-delà le bien et le mal"(1971), *Dits et écrits I*, Paris, Gallimard, 1100-1101.

22) Didier Fassin, *Punir, une passion contemporaine*, Paris, Seuil, 2017, 12.

23) 위의 책, 19.

24) Serge Portelli, "Les alternatives à la prison", *Pouvoirs*, vol. 4, n° 135, 2010, 28.

25) 위의 책, 16.

26) 예를 들면 프랑스에서는 교통 경범죄(교통법 위반을 교통 경범죄라고 재정의한 개정 법률의 대상), 항정신성 약물에 관한 법률 위반, 공권력 침해(체포된 자가 경찰에 반격할 때 발생)가 증가하고 있다. 위와 같은 경범죄가 구금형의 3분의 1을 차지하는 데 반해 살인, 무장 강도 등은 구금형의 1퍼센트에 불과하며 이 수치마저 감소하는 추세다. Didier Fassin, *L'ombre du monde. Une anthropologie de la condition carcérale*, Paris, Seuil, 2017, 152.

27) 위의 책, 89.

28) "Michel Foucault: la justice et la police", 1977년 4월 25일 프랑스 텔레비전 채널 앙텐 2에서 방영된 푸코의 인터뷰. 세르주 모아티Serge Moati 진행, 잭 랑Jack Lang, 세르주 모아티, 장 드니 브레댕Jean Denis Bredin 제작(온라인).

29) 토니 페리는 철학 건축 도시 연구단Groupe d'études et de recherches philosophie, architecture, urbain, GERPAU에 소속된 철학자이자 연구원이다. 프랑스 법무부의 사회 복귀 및 보호관찰 형무 자문 위원으로도 활동하고 있다.

30) Alain Brossat, *La démocratie immunitaire*, Paris, La Dispute, 2003. 다음도 참고하라. *Éloge au pilori. Considérations intempestives sur les arts de punir - Entretien avec Tony Ferri*, Paris, L'Harmattan, 2015.

31) 프랑스 정부는 코로나19에 대응하기 위해 바이러스 전파 경로를 확인해 감염병 확산을 제한할 수 있는 애플리케이션 개발을 위한 'StopCovid' 법안 채택에 대해 고민했다. 이 애플리케이션은 블루투스 기반의 '접촉 추적contact tracing'이라는 기술을 사용해 감염자와 장시간 접촉한 모든 이들에게 익명으로 접촉 사실을 알린다.

32) 앙토니 아미셸은 몬트리올 대학교 범죄학과 교수이자 국제 비교범죄학 센터의 연구 위원으로 범죄 자금에 관한 연구를 하고 있다.

33) Grégory Salle et Gilles Chantraine(2009). "Le droit emprisonné? Sociologie des usages sociaux du droit en prison", *Politix*, vol. 87, n° 3, 93-117.

34) *Cultures et conflits*, n° 94/95/96, 65-98.

35) Jean-Paul Brodeur, "High and Low Police: Remarks About the Policing of Political Activities", *Social Problems*, vol. 30, n° 5, 1983, 507-521.

36) Georg Rusche & Otto Kirchheimer, *Peine et structure sociale, histoire et «théorie critique» du régime pénal*, Paris, Les Éditions du Cerf, 1994.

37) Philippe Robert, *La sociologie du crime*. Paris, La Découverte, 2005.

감옥의 대안

초판 1쇄 인쇄일 2023년 2월 10일
초판 1쇄 발행일 2023년 2월 24일

지은이 미셸 푸코
옮긴이 이진희

발행인 윤호권
사업총괄 정유한

편집 최안나 **디자인** 박정원 **마케팅** 윤아림
발행처 ㈜시공사 **주소** 서울시 성동구 상원1길 22, 6-8층(우편번호 04779)
대표전화 02 - 3486 - 6877 **팩스**(주문) 02 - 585 - 1755
홈페이지 www.sigongsa.com / www.sigongjunior.com

글 ⓒ 미셸 푸코, 2023
표지 그림 ⓒ Arturo Espinosa, 2012

ISBN 979-11-6925-602-5 03330

*시공사는 시공간을 넘는 무한한 콘텐츠 세상을 만듭니다.
*시공사는 더 나은 내일을 함께 만들 여러분의 소중한 의견을 기다립니다.
*잘못 만들어진 책은 구입하신 곳에서 바꾸어 드립니다.